歷代筆記叢書

龜山先生語録

[宋]楊時　撰　宋月陽　校點

校點前言

《龜山先生語録》一書乃兩宋之際理學家楊時的講學語録。

一、楊時及其語録

楊時（一〇五三—一一三五），字中立，號龜山先生，南劍將樂（今屬福建）人。楊時於熙寧九年（一〇七六）登徐鐸榜進士第，尋授汀州司户參軍，稱疾不赴。後歷任徐州、虔州司法，知瀏陽、餘杭、蕭山三縣，雖身居下位，但心繫民瘼，所到之處皆有惠政。晚年入朝，召爲秘書郎，遷著作郎，拜諫議大夫。高宗即位，除工部侍郎，兼侍講。後除龍圖閣直學士，提舉杭州洞霄宮。已而告老，以本官致仕，居鄉以講學著書爲事。紹興五年卒，年八十三，謚文靖。《宋史》卷四二八有傳。①

① 宋黄去疾《龜山先生文靖楊公年譜》，《宋人年譜叢刊》本。
　元脱脱等《宋史》卷四二八《楊時傳》，中華書局點校本。

一

楊時先後親炙於程顥、程頤門下，與游酢、謝良佐、呂大臨並稱為「程門四先生」。楊時一傳羅從彥，再傳李侗，三傳有朱熹集理學之大成，因此學界一般用「承洛啓閩」一詞來形容其在理學發展史上的地位。楊時思想緊隨二程，是洛學忠實的擁護者。他猛烈抨擊王安石及其新學，曾上書欽宗論王安石「以邪說塗學者耳目」「乞追奪其王爵，毀配享之像」，又稱蔡京「挾王安石以圖身利，國之禍乃安石啓之」[1]。晚年曾著字説辨、神宗日録辨辨詰新學，可謂程門弟子中攻擊王氏之代表。楊時一生著述頗豐，有中庸解(佚)、論語解(佚)、易解(佚)、三經義辨(佚)等[2]，今仍存有龜山先生語録四卷並後録二卷和龜山先生文集四十二卷。

龜山先生語録一書所録乃楊時在崇寧三年至政和二年之間，於荆州、京師、餘杭、南都、毗陵、蕭山等地的講學之語，由其弟子整理、彙編成書。書中内容博雜，既涉及楊時對四書五經等經典的闡釋，又有其對時人軼事的評論，是研究楊時思想的重要文獻史料。

陳振孫直齋書録解題著録龜山語録五卷：為延平陳淵幾叟、羅從彥仲素、建安胡大原伯逢所録楊時中立語、其子迥稿録共四卷[3]，末卷為附録、墓誌、遺事，順昌廖德明子晦所集。趙希弁郡齋

---

① 宋楊時上欽宗皇帝疏七，全宋文本。

② 有關楊時著作情況的問題，詳見方彦壽楊時著作版本源流考述一文。

③ 稿録即楊時之子楊迥所作庭聞稿録。直齋書録解題：「庭聞稿録一卷，即楊迥所録，當政和八年其父亡羞時也。」(其餘可見相關著録皆作庭聞稿録，當作「庭聞」為是。)晦庵別集載朱熹與林擇之書信談及此書：「近于蔡季通處見庭聞稿録一篇，乃楊昭遠記龜山所舉二先生語，殊無精神，悶人看不得，不知静勝之説又如何耳。」

読書志附志則記載：《龜山先生語録四卷，楊文靖公時字中立之語也。兩書所録當是龜山先生語録的兩個不同版本系統，而陳録所載五卷本龜山語録今已佚失。有關此問題，顧宏義先生已有詳細考證，詳見其文「吾道南矣」説的文獻學考察。

二、版本流傳

傳世龜山先生語録尚有諸儒鳴道集本（以下簡稱「鳴道集本」）、南宋吳堅福建漕治刻本（以下簡稱「南宋本」）、元刻本，以及龜山先生文集本。

已有學者考證出諸儒鳴道集一書的原刻時間，上限爲乾道二年（一一六六），下限爲乾道四年（一一六八）。[①] 鳴道集本當是龜山先生語録現存最早版本。諸儒鳴道集現存端平二年黃壯猷補修印本，已爲海內孤本，藏於上海圖書館，山東友誼出版社據此本影印。龜山語録四卷收録於其書第五五至五五八卷。

南宋本龜山先生語録現藏於國家圖書館，書末有牌記：後學天台吳堅刊于福建漕治。吳堅，字彥愷，台州天台人，淳祐中（一二四一—一二五二）爲昆山主簿，德祐末拜左丞相，爲祈請使赴北。

① 田智忠諸儒鳴道原刻年代考，中國社會科學院研究生院學報。

據《弘治》八閩通志卷三十秩官，吳堅於度宗咸淳年間（一二六五—一二七四）任福建轉運司轉運

使，因此該刻本當於此時刊刻。南宋本龜山先生語錄有四卷並後錄二卷。前四卷內容與鳴道集本

內容無大差異，僅在其後附有後錄二卷。後錄上僅三條，皆見於伊洛淵源錄卷十楊文靖公遺事，後

錄下爲他人論贊之語，除第一條外，其餘均見於朱子語類。且後錄下第一條本爲張栻所作飛鴻閣

畫像記（可見於其文集南軒集），文中卻將「貽書俾某記之」、「某生晚識陋」中「某」字擅改爲「熹」字，以

其爲朱子所作。商務印書館四部叢刊續編據此本影印，後附有張元濟跋語以及龜山語錄校勘記。

元刻本龜山語錄四卷，藏於天津圖書館（以下簡稱「天圖」）。內容與上述兩本無大差別。另，清

陸心源皕宋樓藏書志著錄有：龜山先生語錄，元刊本，四卷加後錄兩卷，並有至大三年正月圓日古

番前進士樂軒王龍蛻之序。二者雖同爲元刻本，但應非同一書，原因有二：其一，天圖所藏元刻本

有四冊，一冊一卷，共四卷，不同於皕宋樓藏書志所著錄的四卷加後錄兩卷，其二，天圖所藏龜山

語錄並無皕宋樓藏書志所收錄的王龍蛻之序。如果說可能因時間久遠致使序言殘落缺失，但天圖

所藏龜山語錄前後完好無損，並無殘落迹象。另外，此藏本無皕宋樓主人陸心源之藏書章。以上，或

足以說明二者確非同一書。今未曾見皕宋樓藏書志所著錄元刊本龜山先生語錄，不知其存佚情況。

龜山先生語錄一書在明代也曾有刊刻，但未見明刻本流傳於世。明陸簡龍皋文稿有題龜山語

錄，文中稱：「龜山先生語錄四卷並後錄二卷，嘗於史館繙閱群集，手抄得之。丁酉歲持以南歸，

貳守柳君宗疇取刻置學宮以傳。先生首得二程之道而南，退修於常州者十有八年之久，其語言文

字在四方無不當傳，而於吾州乃所當先也。」「柳君宗疇」即柳演，字宗疇。據〈成化〉重修毗陵志載：

柳演於成化六年至十年間（一四七〇——一四七四）爲常州府推官，可知該本大致的刊刻時間。

另，四庫全書總目卷九五儒家類存目一有：

道南三先生遺書十一卷（浙江巡撫采進本），不著編輯者名氏。摘錄楊時、羅從彥、李侗三家語錄及雜著，楊氏四卷，羅氏六卷，李氏一卷。三人皆南劍州人，疑其鄉人所編也。〈千頃堂書目載莆田宋端儀有道南三先生遺書，或即是編歟。

明代黃仲昭未軒文集卷六所載宋端儀墓誌，也曾提及「宋公嘗編道南三先生遺書」，四庫館臣推斷應當可信。宋端儀，字孔時，號立齋，莆田人。此書當爲其編集鄉賢之作，龜山先生語錄爲其中一部分，是其流傳於世的另一種形式。

明清之際，單行本龜山先生語錄刊刻極少，或是因爲龜山先生文集中收錄有語錄部分。龜山先生文集目前有多種刻本流傳於世，主要有：明弘治十五年李熙刻本、明正德十二年沈暉刻本、明萬曆十九年林熙春刻本、清順治楊令聞刻本、清康熙五年刻本等。但是，由於距成書時間較遠，文集中的語錄部分相較於鳴道集本以及南宋本訛誤更多。

在比勘各本文字優劣之後，綜合各本可得之難易情況，此次整理點校以南宋吳堅福建漕治刻本〈四部叢刊續編收入〉爲底本，校以宋諸儒鳴道集本（山東友誼出版社影印），參校元刻本、明萬曆十九年林熙春刻本龜山集，間亦作他校。在本書的整理過程中，參考了林海權先生點校楊時集（福

建人民出版社出版），在此謹致謝忱。

三、有關輯佚與其他

筆者在搜集資料的過程中，發現有部分著作所引龜山語錄不見於今傳世本，或即已佚五卷本之內容，故今將輯錄之文附以書後。另，因楊迴庭聞稿錄也曾爲龜山先生語錄的一部分，故而也將其輯佚之文一併附之。

目錄

校點前言 ……………………………………………………… 一

卷一 ……………………………………………………………… 一
　荆州所聞 ……………………………………………………… 一

卷二 ……………………………………………………………… 二五
　餘杭所聞 ……………………………………………………… 三三
　京師所聞 ……………………………………………………… 四二

卷三 ……………………………………………………………… 五一
　餘杭所聞 ……………………………………………………… 五一

卷四 ……………………………………………………………… 七五
　餘杭所聞 ……………………………………………………… 七五
　南都所聞 ……………………………………………………… 八五
　毗陵所聞 ……………………………………………………… 九〇
　蕭山所聞 ……………………………………………………… 九三

後錄上 …………………………………………………………… 九九

後錄下 …………………………………………………………… 一〇〇

附錄一 …………………………………………………………… 一一〇
　佚文七則 ……………………………………………………… 一一〇

附録二 ……………………………………一一三

黄氏日鈔載龜山先生語録 ……………一一三

附録三 ……………………………………一二一

朱熹、汪應辰有關龜山語録的議論 ……一二一

附録四 ……………………………………一二六

題跋著録 ………………………………一二六

卷一

荆州所聞 甲申四月至乙酉十一月

先生曰：「自堯以前，載籍未具，世所有者獨伏犧所畫八卦耳。當是之時，聖賢如彼其多也。自孔子刪定繫作之後，更秦歷漢，以迄于今，其書至不可勝紀，人之所資以爲學者，宜易於古。然其間千數百年，求一人如古之聖賢，卒不易得，何哉？豈道之所傳，固不在於文字之多寡乎？夫堯、舜、禹、皋陶，皆稱若稽古，非無待於學也。其學果何以乎？由是觀之，聖賢之所以爲聖賢，其用心必有在矣，學者不可不察之也。」

觀孔門弟子之徒[一]，其事師雖至於流離困餓，瀕於死而不去，非要譽而規利也。所以甘心焉者，其所求也大矣。流離困餓且瀕於死，有不足道者。學者知此，然後知學之不可已矣。

古之學者以聖人爲師，其學有不至，故其德有差焉。人見聖人之難爲也，故凡學者以聖人

為可至，則必以為狂而竊笑之。夫聖人固未易至，若舍聖人而學，是將何所取則乎？以聖人為師，猶學射而立的。的立於彼，然後射者可視之而求中。若其中不中，則在人而已。不立之的，以何為準？

問：「曾西不為管仲，而於子路則曰：『吾先子之所畏。』或曰：『羞管仲之所已為，慕子路之所未就。』此說是否？」曰：「孔子曰：『由也，千乘之國，可使治其賦也。』然則如之何？」曰：「管仲之功，子路未必能之。其於九合諸侯，一正天下，固有所不逮也。」曾西、仲尼之徒也，蓋不道管仲之事。」然子路譬之御者，則範我馳驅者也。若管仲，蓋詭遇耳。

六經不言無心，惟佛氏言之；亦不言修性，惟揚雄言之。心不可無，性不假修。故易止言「洗心」、「盡性」，記言「正心」、「尊德性」，孟子言「存心」、「養性」。佛氏和順於道德之意蓋有之，理於義則未也。

聖人以為尋常事者，莊周則夸言之。莊周之博，乃禪家呵佛罵祖之類是也。如逍遙遊、養生主，曲譬廣喻，張大其說。論其要，則道遙遊一篇乃子思所謂「無入而不自得」，而養生主一篇

乃孟子所謂「行其所無事」而已。

問：「孔子曰：『中庸之為德，其至矣乎！』何也？」曰：「至所謂極也，極猶屋之極。所處中則至矣[二]。下是為不及，上焉則為過。」或者曰：「高明所以處己，中庸所以處人。如此，則是聖賢所以自待者常過，而以其所賤者事君親也，而可乎？然則如之何？」曰：「高明即中庸也。高明者，中庸之體；中庸者，高明之用耳。高明亦猶所謂至也。」

問：「或曰：『中所以立常，權所以盡變。不知權則不足以應物，知權則中有時乎，不必用矣。』是否？」曰：「知中則知權，不知權是不知中也。」曰：「猶坐於此室，室自有中。移而坐於堂，則向之所謂中者，今不中矣。堂固自有中。合堂室而觀之，蓋又有堂室之中焉。若居今之所，守向之中，是不知權，豈非不知中乎？又如以一尺之物，約五寸而執之，中也。一尺而厚薄小大之體殊，則所執者輕重不等矣。猶執五寸以為中，是無權也。蓋五寸之執，長短多寡之中，而非厚薄小大之中也。欲求厚薄小大之中，則釋五寸之約，唯輕重之知，而其中得矣。故權以中行，中因權立。《中庸》之書不言權，其曰『君子而時中』，蓋所謂權也。」

舜、跖之分,利與善之間也。利善之間相去甚微,學者不可不知。

爲文要有溫柔敦厚之氣。對人主語言及章疏文字,溫柔敦厚尤不可無。如子瞻詩多於譏玩,殊無惻怛愛君之意。荊公在朝,論事多不循理,惟是爭氣而已,何以事君?君子之所養,要令暴慢邪僻之氣不設於身體。

陶淵明詩所不可及者,沖澹深粹,出於自然。若曾用力學,然後知淵明詩非著力之所能成。

私意去盡,然後可以應世。老子曰:「公乃王。」

儒、佛深處,所差秒忽耳。見儒者之道分明,則佛在其下矣。今學之徒曰「儒者之道在其下」,是不見吾道之大也。爲佛者既不讀儒書,或讀之而不深究其義,爲儒者又自小也,然則道何由明哉?

「君子無終食之間違仁。」說者曰:「飲食必有祭是也。」曰:「如是,則造次顛沛之際,遑遽

急迫甚矣，欲不離仁，仁之道安在？且飲食必有祭，小人亦然，豈能仁乎？」

<u>孔子</u>以其子妻<u>公冶長</u>，以其兄之子妻<u>南容</u>。說者曰：「君子之處其子與處其兄之子，固不同也。」曰：「兄弟之子猶子也，何擇乎？誠如所言，是聖人猶有私意。聖人不容有私意，若二女之少長美惡，必求其對，所妻之先後，未必同時，安在其厚於兄而薄於己耶？記此者，特言如是二人，可托以女子之終身。且聖人爲子擇配，不求其他，故可法也。」

或謂：「『<u>孔子</u>登東山而小<u>魯</u>，登泰山而小天下。』此言勝物而小之。」曰：「使聖人以勝物爲心，是將自小，安能小物？聖人本無勝物之心，身之所處者高，則物自不得不下耳。」

<u>葉公</u>以證父之攘羊爲直，而<u>孔子</u>以爲「吾黨之直者，父爲子隱，子爲父隱」。夫父子之真情，豈欲相暴其惡哉？行其真情，乃所謂直。反情以爲直，則失其所以直矣。乞醯之不得爲直，亦猶是也。

〈周禮〉：「王燕，則以膳夫爲獻主。」說者曰：「君臣之義，不可以燕廢。」曰：「是不然，此<u>孟子</u>所謂養君子之道也。」〈禮〉：受爵於君前，則降而再拜。燕所以待群臣嘉賓也，而使之有升降拜揖

之勞，是以犬馬畜之矣。故以膳夫爲獻主，而主不自獻酬焉。是乃所以爲養君子之道，而廩人繼粟，庖人繼肉之義也。」

《周禮》：「凡用皆會，唯王及后不會。」說者曰：「不得以有司之法制之。」曰：「有司之不能制天子也，固矣。然而九式之職，家宰任之。王恣其費用，有司雖不會，家宰得以九式詔於王矣。故王后不會，非蕩然無以禁止之也。制之有家宰之義，而非以有司之法故也。」

或曰：「《書》之終《秦誓》，以見聖人之樂人悔過也。故凡過而能悔者，取其悔而不追其過，可也。今有殺人而被刑者，臨刑而曰：『吾惟殺人，以至此也！』仁者於此，亦必哀而捨之。」曰：「《書》之有《秦》、《費》二誓，以誌帝王之誥命於是絕故也。其大意，則言有國者不可廢誓。於誓之中，其事又有可取者，則如《秦》之罪己而不責人是也。若曰取其悔而已，不咎其過，其既悔而有過也，亦不當罪乎？聖人以恕待人，於人之悔也，嘉之可也。如以悔爲是，而不問其改與不改，則改過者鮮矣。故君子之取人也，取其改，不取其悔。且殺人至於被刑，而自狀其過，蓋傷其死之不善也。使殺人而不死，其肯悔乎？崤之戰不敗，則秦自以爲功矣。何以知之？以濟河之師知之也。濟河之師何義哉？」

君子務本，言凡所務者惟本而已。若仁之於孝悌推之，然後能爲仁也。其曰爲仁，與體仁者異矣。體仁則無本末之別矣。孔子曰：「老者安之，朋友信之，少者懷之。」此無待乎推之也。孟子曰：「老吾老，以及人之老，幼吾幼，以及人之幼。」此推之也。推之，所謂爲仁。

問：「子貢貨殖，誠如史遷之言否？」曰：「孔門所謂貨殖者，但其中未能忘利耳，豈若商賈之爲哉？」曰：「樊遲請學稼學圃，如何？」曰：「此亦非爲利也。其所願學，正許子並耕之意。而命之爲『小人』者，蓋稼圃乃小人之事，而非君子之所當務也。君子勞心，小人勞力。」

先生嘗夜夢人問：「王由足用爲善，何以見？」語之曰：「齊王只是朴實，故足以爲善。如好貨、好色、好勇與夫好世俗之樂，皆以直告而不隱於孟子，其朴實可知。若乃其心不然，而謬爲大言以欺人，是人終不可與入堯舜之道矣，何善之能爲？」

〈狼跋〉之詩曰：「公孫碩膚，赤舄几几。」〈周公之遇謗，何其安閒而不迫也？〉學詩者不在語言文字，當想其氣味，則〈詩〉之意得矣。

孟子言：「説大人，則藐之。」至於以己之長方人之短，猶有此等氣象在。若孔子，則無此矣。觀鄉黨一篇，「與上大夫言，誾誾如也；與下大夫言，侃侃如也」，以至「見冕者與瞽者，雖褻，必以貌」。如此，何暇藐人？禮曰：「貴貴，為其近於君也；敬長，為其近於親也。」故孔子謂君子畏大人。

孟子言由、求為具臣。曰：「弑父與君，亦不從也。」由、求如是而已乎？」曰：「『弑父與君』，言其大者，蓋小者不能不從故也。若季氏旅太山、伐顓臾而不能救之之事是已」。「然則或許其升堂，且皆在政事之科，何也？」曰：「小事之失，亦未必皆從。但自弑父與君而下或從一事，則不得為不從。若弑父與君，則決不從矣。進此一等，便為大臣，如孔孟之事君是也。故孔孟雖當亂世而遇庸暗之主，一毫亦不放過。」

事道與禄仕不同。常夷甫家貧，召入朝，神宗欲優厚之，令兼數局，如登聞鼓、染院之類，庶幾俸給可贍其家，夷甫一切受之不辭。及正叔以白衣擢為勸講之官，朝廷亦使之兼他職，則固辭。蓋前日所以不仕者，為道也；則今日之仕，須是官足以行道，乃可受。不然，是苟禄也。然後世道學不明，君子之辭受取舍，人鮮能知之。故常公之不辭，人不以為非；而程公之辭，人亦

不以爲是。

王逢原才高識遠，未必見道，觀其所著，乃高論怨誹之流。假使用之，亦何能爲？

春秋昭如日星，但説者斷以己意，故有異同之論。若義理已明，春秋不難知也。春秋始於隱，其説紛紛無定論。孟子有言：「王者之迹熄而詩亡，詩亡然後春秋作。」據平王之崩在隱公之三年也，則隱公即位實在平王之時。自幽王爲犬戎所滅，而平王立於東遷，當是時，黍離降而爲國風，則王者之詩亡矣。此春秋所以作也。

易於咸卦初六言「咸其拇」、六二言「咸其腓」、九三言「咸其股」、九五言「咸其脢」、上六言「咸其輔頰舌」，至於九四一爻，由一身觀之，則心是也。其説以謂有心以感物，則其應必狹矣。唯忘心而待物之感，故能無所不應。其繇辭曰：「貞吉，悔亡；憧憧往來，朋從爾思。」夫思，皆緣其類而已，不能周也。所謂「朋從」者，以類而應故也。故孔子繫辭曰：「天下何思何慮？天下同歸而殊塗，一致而百慮。天下何思何慮？」夫心猶鏡也，居其所而物自以形來，則所鑒者廣矣。若執鏡隨物，以度其形，其照幾何？或曰：「思造形之上極過是，非思之所能

及。故唯天下之至神，則無思也。無思所以體道，有思所以應世。」此為不知易之義也，易所謂無思者，以謂無所事乎思云耳。故其於天下之故，感而通之而已。今而曰「不可以有思」，又曰「不能無思」，此何理哉？

或曰：「聖人所以大過人者，蓋能以身救天下之弊耳。昔伊尹之任，其弊多進而寡退，苟得而害義，故伯夷出而救之。伯夷之清，其弊多退而寡進，過廉而復刻，故柳下惠出而救之。柳下惠之和，其弊污而寡潔，惡異而尚同，故孔子出而救之。是故伯夷不清，不足以救伊尹之任，柳下惠不和，不足以救伯夷之清。此三人者，因時之偏而救之，非天下之中道也，故久必弊。至孔子之時，三聖人之弊各極於天下，故孔子集其行而大成萬世之法，然後聖人之道無弊。其所以無弊者，豈孔子一人之力哉？四人者，相為終始也。使三聖人者當孔子之時，皆足以為孔子矣。」

曰：「何不思之甚也！由湯至於文王之時，五百有餘歲。使伊尹有弊，當時更世之久，上之為君，下之為臣，皆足以有為，獨才之眾，至其衰世尤有存者。無以革之乎？由周至于戰國之際，又五百有餘歲，文、武、周公之化不為不深，使伯夷之弊至是猶在，則周之聖人所謂一道德以同風俗者〔三〕，殆無補於世，而獨俟一柳下惠耶？況孔子去柳下惠未遠，則若柳下惠能矯伯夷之清，使天下從之，其弊不應繼踵而作，而孔子救之，又何其遽也？

且孔子之時，荷蕢、荷蓧、接輿、沮、溺之流，必退者尚多也，則柳下惠之所爲，是果何益乎？故爲聖人救弊之説者，是亦不思而已矣。夫伊尹固聖人之任者，然以爲必於進，則不可也。湯三使往聘之，然後幡然以就湯，不然，將不從其聘耶，則伊尹之不必進可見。伯夷固聖人之清者，然以爲必於退，則不可也。方其辟紂居諸海濱，以待天下之清，聞西伯善養老者則歸之，則伯夷之不必退亦可見。若柳下惠，孔子蓋以謂『直道而事人』，孟子亦稱其『不以三公易其介』，夫亦豈以同爲和乎？由是觀之，其弊果何自而得之耶？若曰孔子之道所以無弊者，四人者相爲終始，使三聖人當孔子之時，亦皆足以爲孔子，此尤不可。而伯夷、伊尹不足以班之。孟子曰：『伯夷、伊尹不同道。』又曰：『自生民以來，未有盛於孔子。』而其所謂同者，得百里之地而君之，皆能以朝諸侯，有天下，行一不義，殺一不辜而得天下，皆不爲而已。彼爲任、爲清、爲和一節之至於聖人者也，其可以爲孔子乎？夫以三人爲聖者，孟子發之也。而孟子之言，其辨如彼。今釋孟子之言，安得强爲之説乎？雖然，此孟子之言也。學者於聖人又當自有所見，自無所見，縱得孟子之旨，何與吾事？」

問：「伊尹五就湯、五就桀，何也？」曰：「其就湯也，以三聘之勤也；其就桀也，湯進之也。」「然則何爲事桀？」曰：「既就湯，則當以湯之心爲心，湯豈有伐桀之意哉？其不得已而伐

之也。人歸之，天命之耳。方其進伊尹以事桀也，蓋欲其悔過遷善而已。苟悔過遷善，則吾北

面而臣之，固所願也。若湯初求伊尹即有伐桀之意，而伊尹遂相之，是以取天下爲心也。以取

天下爲心，豈聖人之心哉？」

問：「伯夷、伊尹、柳下惠之行，固不同矣。使伯夷居湯之世，就湯之聘乎？」曰：「安得而

不就？」「然則湯使之就桀，則就之乎？」曰：「否。」「何以知其然？」曰：「伯夷聞文王作興則歸

之，宜其就湯之聘，然而橫政之所出，橫民之所止，不忍居也。使之事桀，蓋有所不屑矣。」「然則

其果相湯也，肯伐桀乎？」曰：「至天下共叛之，桀爲獨夫，伯夷伐之，亦何恤哉？」

或曰：「湯之伐桀也，衆以爲『我后不恤我衆，舍我穡事而割正夏』，而湯告以必往，是聖人

之任者也。文王三分天下有其二，以服事商，是聖之清者也。」曰：「非也。湯之伐桀，雖其衆有

不悦之言，憚勞而已。若夏之人則不然，曰：『時日曷喪，予及汝皆亡！』故攸徂之民，室家相

慶，簞食壺漿以迎王師。湯雖不往，不可得矣。文王之時，紂猶有天下三分之一，民猶以爲君，

則文王安得而不事之？至於武王，而受罔有悛心，賢人君子不爲所殺，則或爲囚奴，或去國，紂

之在天下，爲一夫矣。故武王誅之，亦不得已也。孟子不云：『取之而燕民不悦，則勿取。古之

人有行之者，文王是也。取之而燕民悦，則取之。古之人有行之者，武王是也。』由此觀之，湯非樂爲任，而文王非樂爲清也，會逢其適而已。」

爲人臣者論事每每如此，而其君肯聽，豈不能堯舜其君？

以王」，論王之好樂，而使之與百姓同樂；論王之好貨、好色、好勇，而陳周之先王之事。若使孟子與人君言，皆所以擴其善心而革其非，不止就事論事。如論齊王之愛牛，而曰「是心足

曰：「須是知『一以貫之』之理。」曰：「『一以貫之』，仁足以盡之否？」曰：「孟子固曰：『一者何？』曰仁也。』仁之用大矣。今之學者，仁之體亦不曾體究得。」

又曰：「孟子對人君論事，句句未嘗離仁，此所謂王道也。」曰：「安得句句不離乎仁？」

毫髮之間剖析利害之所在，使人君化焉而不自知。夫如是，其在朝廷則可以格君心之非，而其者乎，則必語王以自樂而廣其侈心，是縱其欲也。二者皆非能引君以當道。唯孟子之言，常於獨樂不可也。世之君子，其賢者乎，則必語王以憂民，而勿爲臺沼苑囿之觀，是拂其欲也。其佞齊王顧鴻雁麋鹿以問孟子，孟子因以爲「賢者而後樂此」。至其論文王、夏桀之所以異，則

君易行也。

或曰：「居今之世，去就之際，不必一一中節。欲其皆中節，則道不得行矣。」曰：「何其不自重也！枉己者其能直人乎？古之人寧道之不行，而不輕其去就。如孔孟雖在戰國之時，其進必以正，以至終於不得行而死，是矣。顧今之世，獨不如戰國之時乎？使不恤其去就可以行道，孔孟當先爲之矣。孔孟豈不欲道之行哉？」

或曰：「以術行道而心正，如何？」曰：「謂之君子，豈有心不正者？當論其所行之是否爾。且以術行道，未免枉己。與其自枉，不若不得行之愈也。」

宋牼以利説秦、楚，使之罷兵以息兩國之爭，其心未爲過也，然孟子力抵之。蓋君子之事君，其説不可惟利之從。苟惟利之從，則人君所見者利而已。彼有軋吾謀者，其説又利於我，吾説必見屈矣，故不若與之談道理。道理既明，人自不能勝也。所謂道理之談，孟子之仁義是也。王霸之佐，其義利之間乎？一毫爲利，則不足爲王矣。後世道學不明，人以顏子、伯夷只作一節之士。若孟子之論，則是兩人者，豈清修介潔者耶？如伯夷直許之以朝諸侯、一天下，顏子直許

之以禹稷之事。」

方太公釣於渭，不遇文王，一老漁父耳。及一朝用之，乃有鷹揚之勇。非文王有獨見之明，誰能知之？學者須體此意，然後進退隱顯，各得其當。

或曰：「德而已矣，奚取於聰明？」曰：「徒取其德，或有有德而不聰明者。如此，則人得以欺罔之，何以濟務？故書稱堯、舜、禹、湯、文、武，皆言其聰明，爲是故也。」

黃叔度學充其德，雖顏子可至矣。

一介之與萬鍾，若論利則有多寡，若論義其理一也。伊尹惟能一介知所取與，故能禄之以天下弗顧，繫馬千駟弗視。自後世觀之，則一介不以予人爲太吝，一介不以取諸人爲太潔。然君子之取予，適於義而已。予之齊，取之微，雖若不足道矣，然苟害於義，又何多寡之間乎？孔子於公西赤之富，不恤其請，於原憲之貧，不許其辭。此知所予者也。孟子言：「非其道，則一簞食不可受於人；如其道，則舜受堯之天下，不以爲泰。」此知所取者也。

孟子稱舜：「象憂亦憂，象喜亦喜。」此語最宜味之。夫舜之意，唯恐不獲於象也，則象喜舜自喜。夫豈有僞乎？是之謂不藏怒，不宿怨。

問：「象日以殺舜爲事，而舜終不爲所殺，何也？」曰：「『堯在上，天下豈容有殺兄者乎？』此語自是萬章所傳之謬。據《書》所載，但云象傲而已。觀萬章之言，傲何足以盡之？其言殺舜之時，堯已妻之二女，又使其子九男百官皆事舜於畎畝之中，象必不敢。但萬章所問，其大意不在此，故孟子當時亦不暇辨。

孟子言舜之怨慕，非深知舜之心不能及此。據舜惟患不順於父母，不謂其盡孝也。《凱風》之詩曰：「母氏聖善，我無令人。」孝子之事親如此，此孔子所以取之也。孔子曰：「君子之道四，丘未能一焉。」若乃自以爲能，則失之矣。

顏子所學，學舜而已。蓋舜於人倫，無所不盡也。以爲父子，盡父子之道；以爲君臣，盡君臣之道，以爲夫，盡夫道；以爲兄，盡兄道。此孟子所謂「舜爲法於天下，可傳於後世」者也。孟子所憂，亦憂不如舜耳。人能以舜爲心，其學不患不進。

問：「『將順其美』，後世之説或成阿諛，恐是引其君以當道。」曰：「然。此正如孟子所謂『是心足以王』。若曰『以小易大』，則非其情。以謂見牛未見羊，而欲以羊易牛，乃所以爲仁。引之使知王政之可爲，是謂『將順』。」又曰：「詳味此一章，可見古人事君之心。」

韓信用兵，在楚漢之間則爲善矣。方之五霸，已自不及，以無節制故也。如信之軍脩武，高祖即其卧內奪之印，易置諸將，信尚未知。此與棘門、霸上之軍何異？但信用兵能以術驅人，使自爲戰。當時亦無有以節制之兵當之者，故信數得以取勝也。王者之兵，未嘗以術勝人，然亦不可以計敗。後世惟諸葛亮、李靖爲知兵。如信用兵，不覺歎服。而李靖惟以正出奇，此爲得法制之意而不務僥倖者也。古人未嘗不知兵，如周官之法，雖坐作進退之末，莫不有節。若平時不學，一旦緩急，何以應敵？如此，則學者於行師、御衆、戰陣、營壘之事不可不講。

史言成安君儒者，故爲韓信所勝。成安君豈真儒者哉？若真儒，必不爲韓信所詐。如曰「吾行仁義」云耳，人得而罔之，是木偶人也。夫兵雖不貴詐，亦人所不得而詐，然後爲善。觀戰國用兵，中原之戰也。若今之用兵，禦夷狄耳。力可以戰則戰，勢利於守則守，來則拒之，去則

勿追，則邊鄙自然無事。今乃反挑之，且侵其地，已非理矣。其決勝必取，而至於用狙詐也，又何足怪？若賢將，必不以窮鬪遠討爲事，何用狙詐？蓋夷狄之戰與中原之戰異。夷狄難與較曲直是非，惟恃力耳，但以禽獸待之可也。以禽獸待之，如前所爲是矣。

問：「今之爲將帥者，不必用狙詐固是。奈兵官武人之有智略者，莫非狙詐之流。若無狙詐，如何使人？」曰：「君子無所往而不以誠，但至誠惻怛，則人自感動。」曰：「至誠惻怛可也。然今之置帥，朝除暮易，若以至誠爲務，須是積久，上下相諭，其效方見。卒然施之，未必有補。」曰：「誠動於此，物應於彼，速於影響，豈必在久？如郭子儀守河陽，李光弼代之，一號令而金鼓旗幟爲之精明，此特其號令各有體耳。推誠亦猶是也。」

正叔先生過范堯夫治所，謂堯夫曰：「聞公有言『作帥當使三軍愛之如父母』，是否？」曰：「然。非歟？」曰：「公第能言之耳，未必能行也。」曰：「何以言之？」曰：「聞舊帥方卒，公始代之，便設筵張樂犒軍，此所以知公之必不能使三軍愛之如父母也。」曰：「當時自合打散，設筵張樂却是錯。」曰：「打散亦不可。彼卒伍之所利者，財食也。使其不得財食，則知新帥之所以不給賜財食者，爲舊帥之亡也。夫舊帥亦父母也，今其亡未久而給賜如常，卒伍之愚，忘其上以此

耳。然則不能使之觀舊帥如父母，則必不能使之以我爲父母矣。」堯夫是日追送正叔，曰：「若不遠出，不聞此言。」

祖宗能用人命，故太祖嘗曰：「我以一縑易一胡人首，不過十萬，匈奴之衆可盡。」唯能如此，此所以能取天下。今獲一劫盜，亦須以數十千賞之。若只使一縑欲易一胡人首，人必不爲用，唯不能用人命，此所以必至於厚賞也。觀祖宗時江南擅強，河東未服，兩浙、川、廣尚守巢穴。方是時，所有財賦，特中原之地耳，其聚斂科配，蓋不若今之悉也。其後祖宗削平僭亂，只用所有，不患乏財。使如今日厚賞，安能取天下？

陸宣公擾攘之際，説其君未嘗用數，觀其奏議可見。欲論天下事，當以此爲法。宣公在朝，自以不恤其身，知無不言，言無不盡。至於遷貶，唯杜門集古方書而已，可謂知進退者。

吕晦叔真大人，其言簡而意足。孫莘老嘗言「裕陵好問」，且曰「好問則裕」。晦叔曰：「好問而裕，不若聽德而聰。」人有非劉向强聒而不舍者，吕晦叔曰：「劉向貴戚之卿。」此語可謂忠厚。然向之眷眷於漢室而不忍去，則是也。至於上變論事，亦可謂不知命矣。

問：「以匹夫一日而見天子，天子問焉，盡所懷而陳之，則事必有窒礙者，不盡則爲不忠，如何？」曰：「事亦須量深淺。孔子曰：『信而後諫。未信，則以爲謗己也。』易之恒曰『浚恒凶』，此恒之初也。故當以漸而不可以浚，浚則凶矣。假如問人臣之忠邪，其親信者誰歟？遽與之辨是非，則有失身之悔。君子於此但不可以忠爲邪，以邪爲忠，語言之間故不無委曲也，至於論理則不然。如惠王問孟子『何以利吾國』，則當言『何必曰利』。宣王問孟子『卿不同』，則當以正對。蓋不直則道不見故也。世之君子，其平居談道甚明，論議可聽。至其出立朝廷之上，則其行事多與所言相戾，至有圖王而實霸，行義而規利者。蓋以其學得之文字之中，而未嘗以心驗之故也。若心之所得，則曰：『吾所以爲己而已。』是故心迹常判而爲二。心迹既判而爲二，故事事違其所學。」

故人臣能使其君視民如傷，則王道行矣。

人臣之事君，豈可佐以刑名之說？如此，是使人主失仁心也。人主無仁心，則不足以得人。

或曰：「特旨乃人君威福之權，不可無也。」曰：「不然。古者用刑，王三宥之，若案法定罪而不敢赦，則在有司。夫惟有司守法而不敢移，故人主得以養其仁心。今也法不應誅，而人主必以特旨誅之，是有司之法不必守，而使人主失仁心矣。」

荊公在上前爭論，或爲上所疑，則曰：「臣之素行，似不至無廉恥，如何不足信？」且論事當問事之是非利害如何，豈可以素有廉恥劫人，使信己也？夫廉恥在常人足道，若君子更自矜其廉恥，亦淺矣。蓋廉恥自君子所當爲者。如人守官，曰：「我固不受贓。」不受贓豈分外事乎？

理財、作人兩事，其說非不善。然世儒所謂理財者，務爲聚斂；而所謂作人者，起其奔競好進之心而已。〈易〉之言「理財」，〈詩〉之言「作人」，似不如此。

〈周官〉：「平頒其興積。」說者曰：「無問其欲否，概與之也。」故假此爲青苗之法：當春則平頒，秋成則入之，又加息焉。以謂不取息，則舟車之費、鼠雀之耗、官吏之俸給無所從出，故不得不然。此爲之辭耳。先王省耕歛而爲之補助〔四〕，以救民急而已。方其出也，未嘗望入，豈復求息？取其息而曰「非以漁利也」，其可乎？孟子論法，以謂凶年糞其田而不足，則必取盈焉。使民終歲勤動，不得以養其父母，又稱貸而益之，是爲不善。今也無問其欲否而頒之，亦無問年之豐凶而必取其息。不然，則以刑法加焉。〈周官〉之意，果如是乎？

朝廷設法賣酒，所在吏官遂張樂集妓女以來小民。此最爲害教，而必爲之辭曰：「與民同

樂。」豈不誣哉？夫誘引無知之民以漁其財，是在百姓爲之，理亦當禁，而官吏爲之，上下不以爲怪，不知爲政之過也。且民之有財，亦須上之人與之愛惜，不與之愛惜而巧求暗取之，雖無鞭答以強民，其所爲有甚於鞭答矣。余在潭州瀏陽，方官散青苗時，凡酒肆食店與夫俳優戲劇之罔民財者，悉有以禁之。散錢已，然後令如故。官賣酒，舊嘗至是時，亦必以妓樂隨處張設，頗得民利。或以請，不許。往往民間得錢，遂用之有方。

常平法：州縣寺舍歲用有餘，則以歸官，賑民之窮餓者。余爲瀏陽日，方爲立法，使行旅之疾病飢踣於道者，隨所在申縣，縣令寺舍飲食之。欲人之入於吾境者，無不得其所也。其事未及行，而余以罪去官，至今以爲恨。

錢塘内造什物，守臣不知其數，恣宦官所爲，至數年未已，傷財害民，莫此爲甚。使其器用一一得以奉御，茲固無嫌。其實公得其一，私得其十。其十者非以自奉，則過爲奇技淫巧以自獻於上，與夫宮嬪之貴幸者。此弊尤不可言。使予守錢塘，必先奏上乞降所造之數，付有司爲之以進，庶幾宦官不得容其姦。是雖於事未有大補，亦守臣安百姓、節國用之一端也。如此而得罪，則有名矣。

或勸先生解經。曰：「不敢易也。」曾子曰：『吾日三省吾身，為人謀而不忠乎？與朋友交

而不信乎？傳不習乎？』夫傳而不習，以處己則不信，以待人則不忠，三者胥失也。昔有勸正叔

先生出易傳示人者，正叔曰：『獨不望學之進乎？姑遲之，覺毫即傳矣。』蓋已毫則學不復進故

也。學不復進若猶不可傳，是其言不足以垂後矣。六經之義，驗之於心而然，施之於行事而不順，

然後為得。驗之於心而不然，施之於行事而不順，則非所謂經義。今之治經者，為無用之文，徒

幸科第而已，果何益哉！」

今所謂博學者，特通歷代之故事而已。必欲取堯、舜、三代之法，兼明而默識之，以斷後世

所為之中否而去取焉，蓋未能也。孟子之學，蓋有以為不足學而不學者矣，若諸侯之禮是也，未

有當學而不學者也。余觀熙寧、元豐之君子，皆通曉世務，而所取以為證者，秦漢以下之事而

已。故有為秦漢以上之說者與之爭，輒不勝。若今之論事者，多以三代為言，其實未必曉。有

能以三代之法一一與之剖析是非，有不戰而自屈者。然此須深知三代致治之意方可。若周官

之書，先王經世之務也，不可不講。若有意於世，須是事事明了，胸中無疑，方能濟務。如馬周

以一介草茅，言天下事若素宦於朝，若非嘗學來，安得生知？因論馬周言事，每事須開人主一線

路，終是不如魏徵之正，如諫太宗避暑事親之道甚善。　然又曰：「鑾輿之出有日，不可遽止，願示

還期。」若事非是，即從而止之，何用如此？此正孟子所謂「月攘一雞」者，豈是以堯舜望其君乎？

褚遂良修起居注，唐太宗曰：「朕有不善，亦當記之乎？」或爲之言曰：「借使遂良不記，天下亦當記之。」曰：「此語亦善，但人主好名，則可以此動之耳，未盡也。夫君子居其室，出其言善，則千里之外應之，出其言不善，則千里之外違之。故言行，君子之樞機，不可不慎。縱使史官不記，而民之應違如此，雖欲自掩其不善，其可得乎？」

試教授宏辭科，乃是以文字自售。古人行己，似不如此。今之進士，使豪傑者出，必不肯就。然以謂舍此則仕進無路，故爲不得已之計。或是爲貧，或欲緣是少試其才。既得官矣，又以僥求榮達，此何義哉？

[校勘記]

〔一〕孔門弟子之徒：諸儒鳴道集本（以下簡稱鳴道集本）無「弟子」二字，似是。

〔二〕所處中則至矣：「中」字原闕，據鳴道集本補。

〔三〕一道德以同風俗者：「同風俗」，鳴道集本作「同俗」。

〔四〕先王省耕歛而爲之補助：「王」原作「生」，據鳴道集本改。

卷二

朝廷立法，臺察不許言天下利害，諫官不許論人才。命爲臺諫，是使之言也，而又禁之，何理哉？如命以中書舍人，或升黜不當，繳還詞頭，則更屬他中書舍人爲之。命以給事中，或有必行之事，則不復過門下。而所謂中書舍人、給事中者，亦更不整理。且如此，是不得其職矣。不得其職則當去，而今之君子安爲之，其義焉在？常平司有支用，雖是敕取，法當執奏，近又免執奏之法，關防甚密，何可免也？使吾輩得爲常平官，如此等事亦當辨明。則知今之要路，大抵難處也。先王之時，「工執藝事以諫」，自此推之，則當是時，凡有職者皆得執其事以諫矣。若人人有職事，皆能思其利害以諫，法度何憂不完？政事何憂不成？且古者百工猶能信度以申其說，而今之侍從監司，蓋內外之達官，人主所親信者，反未嘗知諫，此又何理也？

「天生聰明時义」，所謂天生者，因其固然而無作之謂也。無所作聰明，是謂憲天聰明。憲天云者，任理而已矣。故伊尹曰：「視遠惟明，聽德惟聰。」知此，然後可與論人君之聰明矣。或

曰：「爲人君須聰明有以勝人，然後可以制人而止其亂。」曰：「天聰明期於勝人〔一〕，非也。如

人聽訟，必欲即揣知其情狀是非，亦或屢中，若不任理，只是億度而已，非所謂聰明。故孔子

曰：『聽訟，吾猶人也。必也，使無訟乎！』人君如不聽德，每事即揣知情狀是非，所中雖多，失

人君之道矣。謂之不聰明，可也。」

暮，天際乍輕陰。」又泛舟詩云：「只恐風花一片飛。」何其温厚也！

故得而罪之。若是伯淳詩，則聞之者自然感動矣。因舉伯淳和温公諸人禊飲詩云：「未須愁日

諫而涉於毀謗，聞者怒之，何補之有？觀蘇東坡詩，只是譏誚朝廷，殊無温柔敦厚之氣，以此人

作詩不知風雅之意，不可以作詩。詩尚諷諫，唯言之者無罪，聞之者足以戒，乃爲有補。若

考槃之詩言：「永矢弗過。」說者曰：「誓不過君之朝。」非也。矢，陳也。亦曰：「永，言其

不得過耳。」昔者有以是問常夷甫之子立，立對曰：「古之人蓋有視其君如寇讎者。」此尤害理，

何則？孟子所謂「君之視臣如犬馬，則臣視君如寇讎」，以爲君言之也。爲君言，則施報之道，

固有之。若君子之自處，豈處其薄乎？孟子曰：「王庶幾改之，予日望之。」君子之心蓋如此。

考槃之詩，雖其時君使賢者退而窮處爲可罪，夫苟一日有悔過遷善之心，復以用我，我必復立其

朝，何終不過之有？大抵今之説詩者，多以文害辭。非徒以文害辭也，又有甚者，分析字之偏傍以取義理，如此豈復有詩？孟子引「天生烝民，有物有則，民之秉彝，好是懿德」，曰：「故有物必有則，民之秉彝也，故好是懿德。」其釋詩也，於其本文加四字而已，而語自分明矣。今之説詩者，殊不知此。

郭汾陽不問發墓之人，雖古之齊物我者不能過。

問：「謝安屐齒折事，識者不信，是否？」曰：「此事未必無，但史於此亦失之億度，安知其非偶然乎？若破賊而喜，在謝安固不足怪，然屐齒必不爲一時遑遽而折也。」

或謂：「人當無利心，然後爲君子。」曰：「以此自爲可也，以此責人，恐不勝責矣。人但能於得處知辨義理，亦自難得。故孔子以『見利思義』稱成人，而以『見得思義』稱士焉。此其辨也。」

物有圭角，多刺人眼目，亦易玷闕。故君子處世，當渾然天成，則人不厭棄矣。

溝澮之量不可以容江河，江河之量不可以容滄海，有所局故也。若君子，則以天地爲量，何所不容？有能捐一金而不顧者，未必能捐十金，能捐十金而不顧者，未必能捐百金。此由所見之熟與不熟，非能真知其義之當與否也。若得其義矣，雖一介不妄予，亦不妄取。

世之事鬼神，所以陷於淫諂者，皆其不知鬼神之情狀、祭祀之深意也。學者當求知之。漢儒言：「祖有功，宗有德，不毀，所以勸也。」曰：「非也。子孫之祭其親，豈爲其功德而後祭之乎？若以爲有功德然後祭，是子孫得揀擇其祖宗而尊之也，豈事親之道哉？」

秦少游以韋元成爲腐儒，惡其建毀廟之議。其說曰：「君子將營宮室，宗廟爲先，厩庫爲次，居室爲後。夫營之，先親而後身，則毀之；先身而後親，可知矣。漢之離宮館長楊、五柞，已大侈靡，未聞其毀，乃取韋元成毀廟之說驅行之，此元帝寢疾所以夢祖譴責也。其後又復，豈終可改乎？曰：審宗廟也，則不容以所未當毀者而毀之矣。先王之禮，天子祭天地，諸侯祭社稷。父爲士，子爲大夫，葬以士，祭以大夫。父爲大夫，子爲士，葬以大夫，祭以士。支子不祭，有事則祭于宗子之家，明非繼體也。如是，則祭與不祭，皆不可苟也。漢之廟在郡國，蓋以千數，歲時皆諸侯王主祭，豈古禮哉？使漢祖宗有靈，當不享矣。立無度之廟，致不享之祭，以此事神，

尚不欲毀邪？以夢寐而復，既未知鬼神之情狀，引之爲證，其說陋矣。且誠如所論，先王當行之矣。先王豈不敬神哉？

耳、餘之交，相責之深，相知之淺耳，故不終。

知合內外之道，則顏子、禹、稷之所同可見。蓋自誠意正心推之，至於可以平天下，此內外之道所以合也。故觀其意誠心正，則知天下由是而平。觀其天下平，則知非意誠心正不能也。

茲乃禹、稷、顏回之所以同也。

問：「『師也辟』，何以見？」曰：「〈語〉云：『堂堂乎張也，難與並爲仁矣。』蓋幾於辟。然此其初也。學於孔門者，皆終有進焉。若子張，後來論交曰：『我之大賢歟，於人何所不容？』此豈介僻之流？」

孟子曰：「人之有四端，猶其有四體也。」夫四體與生俱生，身體不備，謂之不成人，闕一不可，亦無先後之次。老子言：「失道而後德，失德而後仁，失仁而後義，失義而後禮。禮者，忠信

之薄。」是特見後世爲禮者之弊耳。先王之禮，本諸人心，所以節文仁義是也，顧所用如何，豈有先後？雖然，老子之薄而末之者，其意欲民還淳反樸，以救一時之弊而已。夫果能使民還淳反樸，不亦善乎？然天下豈有此理？夫禮，文其質而已，非能有所增益也。故禮行而君臣父子之道得。使一日去禮，則天下亂矣。若去禮，是去君臣父子之道也，而可乎？唯不可去此四端，所以猶人之有四體也。

「今學者將仁小却，故不知求仁。孔子曰：『若聖與仁，則吾豈敢？』孔子尚不敢當，且窒言之，則仁之道不亦大乎？」然則所謂『合而言之，道也』，何也？」曰：「『由仁義行，非行仁義』[二]，所謂合也。」

〈洪範傳曰：「道萬物而無所由，命萬物而無所聽。唯天下至神爲能與於此。」此爲不知道與命也。孔子之言道曰：「誰能出不由戶？何莫由斯道也。」其言命曰：「道之將行也歟，命也；道之將廢也歟，命也。」夫道非能使人由之，命非能使人聽之，人自不能違耳。聖人雖至神，以謂體道而至於命則可也。若曰「無所由」、「無所聽」，將焉之乎？且聖人未嘗不欲道之興，以無可奈何，故委之於命。如使孔子必可以爲周公之事，其不爲之乎？可爲而不爲，則是欲道之廢矣，

豈孔子之心哉？故曰「道萬物而無所由，命萬物而無所聽」者，不知道與命之言也。又洪範傳論水火金木土自然之數，配諸人之一身，皆有先後之序。此有序乎？夫五行在天地之間，有則俱有，故曰闕一不可。今曰有水然後有火，有火然後有木，有木然後有金，有金然後有土，雖常人皆知其不然矣。然則謂精神魂魄意爲有序，失之矣。

或問：「臺諫官如何作？」曰：「剝之象曰：『不利有攸往，小人長也。』順而止之，觀象也。君子尚消息盈虛，天行也。」夫君子之於小人，方其進也，不可以驟去。觀剝之象，斯可見矣。剝，坤下而艮上。坤，順也，艮，止也。此天理之不可易者也。順而止之，其漸而非暴之謂乎？陰陽之氣，消息盈虛，必以其漸。君子所尚，蓋在於此。」

君子之治心養氣，接物應事，唯直而已。直則無所事矣。康子饋藥，孔子既拜而受之矣，乃曰：「丘未達，不敢嘗。」此疑於拂人情。然聖人慎疾，豈敢嘗未達之藥？既不敢嘗，則直言之，何用委曲？微生高乞鄰醯以與人，是在今之君子，蓋常事耳，顧亦何害？然孔子不以爲直。以所以辭康子之言觀之，信乎其不直也。維摩經云：「直心是道場。」儒、佛至此，實無二理。學者必欲進德，則行己不可不直。蓋孔子之門人皆於其師無隱情者，知直故也，如宰

我短喪之問之類。

范濟美問：「讀論語以何爲要？」曰：「要在知仁。孔子説仁處最宜玩味。」曰：「孔子説處甚多，尤的當是何語？」曰：「皆的當。但其門人所至有不同，故其答之亦異。只如言『剛、毅、木、訥，近仁』，自此而求之，仁之道亦自可知。蓋嘗謂曾子在孔門，當時以爲魯。魯者學道，尤宜難於他人。然子思之中庸，聖學所賴以傳者也。考其淵源，乃自曾子。則傳孔子之道者，曾子而已矣，豈非魯得之乎？由此觀之，聰明辨智，未必不害道，而剛毅木訥，信乎於仁爲近矣。」

呂吉甫解孝經義首章云：「是曾子力所不能問，故孔子以其未曉而盡告之[三]。」曰：「豈有人未之曉而可以盡告之乎？觀孔子門人問爲邦者，惟顏子一人，其他敢爲國者尚少。今孝經所論，上自天子，下至庶人，無不及者。若其力有未至而盡告之，在孔子爲失言，於曾子爲無益，豈聖賢教與學之道哉？孔子云『參也魯』，蓋其初時。而後語之『以一以貫之』，曾子於此默喻，則其所得深矣。猶以爲魯，是學於孔門者獨無所進乎？觀論語所載，曾子將死之言，孟子推明不事有若之意，又詳考子思、孟子傳道之所自，是特以魯終其身者耶？學有所患，在守陳編而不能斷以獨見之明，此其於古人是非所以多失之也。」

京師所聞 丙戌四月至六月

李似祖、曹令德問何以知仁。曰：「孟子以惻隱之心爲仁之端，平居但以此體究，久久自見。」因問似祖，令德尋常如何説隱。似祖云：「如有隱憂，勤恤民隱，皆疾痛之謂也。」曰：「孺子將入於井，而人見之者必有惻隱之心。疾痛非在己也，而爲之疾痛，何也？」似祖曰：「出於自然，不可已也。」曰：「安得自然如此？若體究此理，知其所從來，則仁之道不遠矣。」二人退，余從容問曰：「萬物與我爲一，其仁之體乎？」曰：「然。」

問：「論語言仁處，何語最爲親切？」曰：「皆仁之方也。若正所謂仁，則未之嘗言也，故曰『子罕言利與命與仁』。要道得親切，唯孟子言『仁，人心也』最爲親切。」

豐尚書稷嘗言：「少時見雪竇教人惜福，云：『人無壽夭，禄盡則死。』昔元厚之死而復生，於陰府見主吏，謂之曰：『君禄未盡，他時官至兩府。然須惜福，乃可延年。』厚之一生，雖一杯飯，亦必先減而後食，其餘奉養皆不敢過。故身爲執政，壽逾七十。」雪竇之言，於是可驗。今日

貴人相高以侈，視其費用，皆是無益，畢竟何補？」公聞之，曰：「此猶以利言也。若以義言之，則簞食萬鍾，顧吾所得爲者如何耳？」

吳審律儀勸解易，曰：「〈易〉難解。」曰：「及今可以致力，若後力衰却難。」曰：「某嘗觀聖人言易，便覺措辭不得。只如乾、坤兩卦，聖人嘗釋其義於後，是則解易之法也。〈乾〉之初九：『潛龍勿用。』釋云：『陽在下也。』又曰：『龍德而隱者也。』又曰：『下也。』又曰：『陽氣潛藏。』又曰：『隱而未見，行而未成。』此一爻耳，反覆推明，至五變其說然後已。今之釋者，其於他卦能如是推明乎？若不能爾，則一爻之義只可用之一事。〈易〉三百八十四爻，爻指一事，則是其用止於三百八十四事而已。如易所該，其果極於此乎？若三百八十四事不足以盡之，則一爻之用，不止於一事亦明矣。觀聖人於〈繫辭〉發明卦義，尚多其說，果如今之解易者乎？故某嘗謂說易須髣髴聖人之意，然後可以下筆，此其所以未敢苟也。」

問：「邵堯夫云：『誰信畫前元有易，自從删後更無詩』畫前有易，何以見？」曰：「畫前有易，其理甚微。然即用孔子之已發明者言之，未有畫前蓋可見也。如云神農氏之耒耜，蓋取諸益；日中爲市，蓋取諸噬嗑，黃帝、堯、舜之舟楫，蓋取諸渙，服牛乘馬，蓋取諸隨，益、噬嗑、

涣、隨，重卦也。當神農、黃帝、堯、舜之時，重卦未畫，此理真聖人有以見天下之賾，故通變以宜民，而易之道得矣。然則非畫前元有易乎？」

問：「牆有茨之詩，若以爲勸戒，似不必存。」曰：「著此者欲知此惡不可爲耳。所以不可爲，以行無隱而不彰，雖幽闇深僻之中，人亦可以知其詳也。人之爲惡，多以人莫之知而密爲之，然終不能掩。密爲之者，其初心也，至於不能掩，蓋已無如之何耳，豈其所欲哉？此君子所以『戒慎乎其所不睹，恐懼乎其所不聞也』。」

自非狙詐之徒，皆知義足以勝利，然不爲利疚而遷者幾希。如管仲亦知義，故其所爲多假義而行。自王者之迹熄，天下以詐力相高，故常溺於利而不知反。由孔子而後，爲天下國家不以利言者，唯孟子一人守得定。

九月丁卯，子同生。曰「子同」者，正名其爲桓公之子也。猗嗟之詩序曰：「人以爲齊侯之子。」其詩曰：「展我甥兮。」則明莊公非齊侯之子矣。以經考之，莊公之生，桓公之六年也，至十八年始書「夫人姜氏遂如齊」。而左傳因載申繻之諫與桓公適齊之事，則前此文姜蓋未嘗如齊

也。未嘗如齊，而人以莊公爲齊侯之子，春秋安得而不辨乎？此春秋所以爲別嫌明微也。

閔二年書「鄭棄其師」，觀清人之詩序可見矣。文公惡高克，使之將兵禦狄，久而不召，遂使衆散而歸，豈非棄其師乎？蓋惡其人而使之將兵以外之。兵何罪？故止罪鄭。

「齊桓公攘戎狄而封衛，未嘗請命于天子而專封之也。故春秋書『城楚丘』，而不言其封衛，蓋無取焉。然則《木瓜》美桓公，孔子何以取之？」曰：「《木瓜》之詩，衛人之詩也。衛爲狄所滅，桓公救而封之，其恩豈可忘也？欲厚報之，不亦宜乎？在衛人之義，不得不以爲美，其取之也，以衛人之義而已。若春秋褒貶，示天下之公，故無取。」

鄭季常作太學博士，言：「養士之道，當先善其心。今殊失此意，未知所以善之之方。」曰：「由今之道，雖賢者爲教官，必不能善人心。」曰：「使荆公當此職，不知如何？」曰：「荆公爲相，其道蓋行乎當年。今日學法，荆公之法也，已不能善之矣。」季常良久曰：「如是，如是。」

與季常言：「學者當有所疑，乃能進德。然亦須著力深，方有疑。今之士讀書爲學，蓋自以

爲無可疑者，故其學莫能相尚。如孔子門人所疑，皆後世所謂不必疑者也。子貢問政，子曰：

『足食足兵，民信之矣。』子貢疑所可去，答之以『去兵』。於食與信猶有疑焉，故能發孔子『民無

信不立』之說。若今之人問政，使之足食與兵，何疑之有？樊遲問仁，子曰『愛人』，問智，子曰

『知人』。是蓋甚明白，而遲猶曰『未達』，故孔子以『舉直錯諸枉，能使枉者直』教之。由是而行

之，於智之道，不其庶矣乎？然遲退而見子夏，猶申問『舉直錯諸枉』之義，於是又得舜舉臯陶、

湯舉伊尹爲證，故仁智兼盡其說。子夏問『巧笑倩兮，美目盼兮』，直推至於『曰禮後乎』然後已。

如使今之學者，方得其初問之答，便不復疑矣。蓋嘗謂古人以爲疑者，今人不知疑也，學何以

進？季常曰：「某平生爲學，亦常自謂無疑。今觀所言，方知古之學者善學。」

問：「中庸只論誠，而論語曾不一及誠，何也？」曰：「論語之教人，凡言恭敬忠信，所以求

仁而進德之事，莫非誠也。論語示人以其入之之方，中庸言其至也。蓋中庸，子思傳道之書，不

正言其至，則道不明。孔子所罕言，孟子常言之，亦猶是矣。」

易曰：「君子敬以直內，義以方外。」夫盡其誠心而無僞焉，所謂直也。若施之於事，則厚薄

隆殺一定而不可易，爲有方矣。「敬」與「義」本無二，所主者敬，而義則自此出焉，故有內外之

辨。其實義亦敬也，故孟子之言義，曰「行吾敬」而已。

問：「孔子許子路升堂，其品第甚高，何以見？」曰：「觀其死猶不忘結纓，非其所養素定，何能爾邪？苟非其人，則遑遽急迫之際，方寸亂矣。」

問：「宰我於三年之喪猶有疑問，何也？」曰：「此其所以爲宰我也。凡學於孔子者，皆欲窮究到無疑處方已。三年之喪，在他人於此不敢發之。宰我疑以爭斷，故必求質於聖人，雖被深責，所不辭也。」

四科之目，不盡孔門弟子之賢，非可指爲定論。

揚雄作太玄準易，此最爲誑後學。後之人徒見其言艱深，其數汗漫，遂謂雄真有得於易，故不敢輕議。其實雄未嘗知易。

問：「『必有事焉而勿正，心勿忘，勿助長。』既不可忘，又不可助長，當如何著力？」曰：「孟

子固曰：『至大至剛，以直養而無害。』則雖未嘗忘，亦不助長。」

「温、良、恭、儉、讓」，此五者非足以盡孔子，然必聞其政者，以此耳。

「毋意」云者，謂無私意耳。若誠意，則不可無也。

所謂「時習」者，如嬰兒之習書，點畫固求其似也。若習之而不似，亦何用習？學者學聖人，亦當如此。大概必踐履聖人之事，方名爲學習。又不可不察，習而不察，與不習同。若今之學者，固未嘗習，而況於察？

問：「何謂『屢空』？」曰：「此顏子所以殆庶幾也。學至於聖人，則一物不留於胸次，乃其常也。回未至此，屢空而已。謂之屢空，則有時乎不空。」

「億則屢中」，非至誠前知也，故不足取。

問：「『操則存』，如何？」曰：「古之學者，視聽言動無非禮，所以操心也。至於無故不徹琴瑟，行則聞佩玉，登車則聞和鸞，蓋皆欲收其放心，不使惰慢邪僻之氣得而入焉。故曰『不有博奕者乎？』爲之猶賢乎已』。夫博奕，非君子所爲，而云爾者，以是可以收其放心爾。説義至不可踐履處，便非經義。若聖人之言，豈有人做不得處？學者所以不免求之釋老，爲其有高明處。如六經中自有妙理，却不深思，只於平易中認了，曾不知聖人將妙理只於尋常事説了。」

曾子曰：「士不可以不弘毅。」人須能弘，然後有容。因言陳述古先生云：「丈夫當容人，勿爲人所容。」

「旁招俊乂，列于庶位」，宰相之任也。今宰相欲擢任一人，必令登對，然後取旨用之。夫人之賢不肖，一見之頃，安能盡知？此蓋起於後世宰相不堪委任之過。

荆公云：「利者陰也，陰當隱伏；義者陽也，陽當宣著。」此説源流發於董仲舒。然此正王氏心術之蔽。觀其所爲，雖名爲義，其實爲利。

春秋正是聖人處置事處，他經言其理，此明其用。理既明，則其用不難知也。

聖人作處，本分之外不加毫末。故以孔子之聖，孟子止言其「不爲已甚」而已。

或問「操心」。曰：「書云『以禮制心』，所謂操也。如顏子『克己復禮』，最學者之要。若學至聖人，則不必操而常存。揚雄言：『能常操而存者，其唯聖人乎？』此爲不知聖人。」論及莊周言天人處，曰：「絡馬首，穿牛鼻，是謂人。」曰：「是亦天也。若絡牛首，穿馬鼻，則不可謂之天。」論〈西銘〉曰：「河南先生言『理一而分殊』，知其『理一』，所以爲仁；知其『分殊』，所以爲義。所謂『分殊』，猶孟子言『親親而仁民，仁民而愛物』。其分不同，故所施不能無差等。」或曰：「如是，則體用果離而爲二矣。」曰：「用未嘗離體也。且以一身觀之，四體百骸皆具，所謂體也。至其用處，則屨不可加之於首，冠不可納之於足，則即體而言，分在其中矣。」

「吾從周」，非從其文也，從其損益之意而已。

〈易〉言「利見」、「利用」，而終不言所以利，故孔子罕言利。或謂死與鬼神，子路所不得而問。

蓋不曉一致之理，故錯認聖人之言。

宰我問三年之喪，非不知其爲薄也，只爲有疑，故不敢隱於孔子。只此無隱，便是聖人作處。

問：「伯夷聖人，猶有隘，何也？」曰：「此自氣禀不同耳。若觀其百世之下，聞其風者，頑夫廉，懦夫有立志，此是甚力量！」

餘杭所聞　丁亥三月自侍下來

周公東征，邦君御事，皆以爲不可。周公徒得十夫之助，決意征之。禹征有苗，會群后誓之。既已出師，朝廷上下，宜無不以爲當者。而益以一言贊之，禹遂振旅而還，而苗亦隨格，豈周公之德不逮禹乎？蓋舜之時，在廷莫非君子，而天下已大治矣，其敢逆命者，獨有苗而已。縱而不治，未足爲害，如必欲誅之，則太平之民自受其病矣。故與其勤師遠伐，不若修德以待其來之爲愈也。若夫三監之叛，其變起王室，非可以夷狄待之也。況又成王幼沖，涖政之初，君子之道不勝，小人不誅而縱之，其禍將不勝救矣。當是之時，雖無十夫之助，周公亦不可已，此所以

必征之也。〈易曰：「莧陸夬夬，中行无咎。」其舜之事乎？如往年靖州之師，其出固有名。若以

舜之事言之，其孰爲得？自靖爲郡，荆湖至今被其害。

問：「『帝乃誕敷文德』，則自班師之後，然後敷之也，敷文德之事何以見？」曰：「舞干羽是

也。古之時文武一道，故干戈兵器也，用之於戰陣則爲武，用之於舞蹈則爲文。曰『敷文德』云

者，已不爲武備矣。」

「『人之生也直』，是以君子無所往而不用直。直則心得其正矣。以乞醯，證父爲直，不得其

正者也。古之於幼子，常示毋誑，所以養其直也。其養之也有素如此。以怨報怨，以德報怨，皆

非直也。所謂直者，公天下之好惡而不爲私焉耳。」曰：「如是，則以德報德，何以辨之？」曰：

「所謂德，非姑息之謂也，亦盡其道而不爲私焉耳。若姑息，則不能無私矣。」曰：「人有德於我，

不幸而適遇所當施之者，非吾意之所欲，能不少有委曲，如庾公之斯之於子濯孺子，不亦可

乎？」曰：「然。」

問：「舜之時，在廷之臣多矣。至傳禹以天下，而禹獨推皋陶，何也？」曰：「舜徒得此兩人

而天下已治故也。禹摠百揆，而皋陶施刑，内外之治擧矣。古者兵刑之官合爲一，觀舜之命皋陶，蠻夷猾夏，是其責也。則皋陶之職，所施於外者爲詳。故皋陶雖不可以無禹，而禹亦不可以無皋陶。是以當舜之欲傳位，禹獨推之，餘人不與焉。孟子曰：『舜以不得禹、皋陶爲己憂。』而子夏亦言：『舜有天下，選於衆，擧皋陶，不仁者遠矣。』蓋有見乎此。

忠信乃爲進德之基本。無忠信，則如在虛空中行，德何以進？

問：「孔子於舊館人之喪，遇於一哀而出涕，遂說驂以賻之，曰：『吾惡夫涕之無從也！』而顏淵死，子哭之慟。顏路請子之車以爲之椁而不與，何也？」曰：「遇於一哀而出涕者，不期然而然也。然哀有餘也，故必有以文之。此說驂之禮所由起乎？顏淵死，子曰：『天喪予！天喪予！』則其存亡與之爲一矣。故其哭之也，不自知其慟也。其於此奚以文爲？文非所以施於顏淵，則車之與不與也，惟義所在而已。」

「獲乎上有道，不信乎朋友，弗獲乎上矣。信乎朋友有道，不順乎親，弗信乎朋友矣。順乎親有道，反身不誠，不悦於親矣。」今之君子欲行道以成天下之務，反不知誠其身。豈知一不誠，

它日舟中之人盡爲敵國乎？故曰：「不誠，未有能動者也。」夫以事上則上疑，以交朋友則朋友疑，至於無往而不爲人所疑，道何可行哉？蓋忘機，則非其類可親，機心一萌，鷗鳥舞而不下矣。

《大學》一篇，聖學之門戶。其取道至徑，故二程多令初學者讀之。蓋《大學》自正心誠意至治國家天下只一理，此《中庸》所謂「合內外之道也」。若內外之道不合，則所守與所行自判而爲二矣。

孔子曰：「子帥以正，孰敢不正？」子思曰：「君子篤恭而天下平。」孟子曰：「其身正而天下歸之。」皆明此也。

伊尹所以事君，更無回互，唯知忠而已，所以能爲放太甲之事。然如此而天下不疑者，誠意素著故也。因問：「孟子云：『有伊尹之志則可。』後世之爲人臣者不幸而適遇此事，而有伊尹之志，不知行得否？若行不得，是伊尹之事不可法於後也？」曰：「若有伊尹之志，其素行足信，何爲不可？但觀蜀先主當時以其子屬諸葛孔明曰：『嗣子可輔，輔之，如不可輔，君自取之。』備死，孔明操一國之權。當時軍國大務，人材進退，唯孔明是聽，而蜀之人亦莫之疑也。蓋孔明自非篡弒之人，其素行足信也。若如司馬懿，其誰信之？伊尹之事自後世觀之以爲異，其實亦所謂中道。」

問：「成湯放桀，惟有慚德，何也？」曰：「橫渠嘗言『湯武之功，聖人之不幸也』。若論君臣之義，則爲臣而事其君，當使其君如堯舜乃是，既不能使其君如堯舜，至其君得罪於天下而放之，豈其所欲哉？成湯之事，以言順乎天而應乎人，何慚之有？然自人情觀之，既以堯舜之禪爲盡善，則征誅而有天下，安能無愧乎？」

問：「文姜與齊侯淫，詩人以不能防閑其母刺莊公。莊公固當深罪乎？」曰：「固可罪也。觀載驅之詩言『魯道有蕩』，則魯之君臣蕩然無以禁止之也。夫君夫人之出入，其威儀物數甚矣〔四〕。其曰『齊子夕發〔五〕』，又何其易乎？禮：婦人幼從父兄，嫁從夫，夫死從子。既曰『從子』，子乃不能防閑之，恣其淫亂，於誰責而可乎？許穆夫人思歸唁其兄，而義不得，其賦載馳之詩曰：『大夫君子，無我有尤。』是雖欲歸，不可得也。嫁猶以正，非如姜氏之淫于齊也。又此詩之所取，特美其負罪引慝而已。若叔于田之詩序，所謂『不勝其母，以害其弟』，其刺之，蓋與猗嗟之刺莊公同意。」

或曰：「呂吉甫云：管仲，今人未可輕議之。如列子所載，仲論隰朋之爲人，上忘而下叛，愧不若黃帝而哀不已若者。又如論語稱管仲『奪伯氏駢邑三百，飯疏食，沒齒無怨言』，則其

所能所爲，可謂高矣。如仲者，但不如孔子耳，何可輕議！」曰：「此未見仲小器之實也。若管

仲只不如孔子，曾西何以不爲？」

之所成終，而所成始也。止於此矣，復出乎震，不終止也。故艮卦曰：「時止則止，時行則行。」

〈艮，止也〉，止其所也。故繫辭曰：「止萬物者，莫善乎艮。」又曰：「成言乎艮。」艮者，萬物

〈觀「盥而不薦，有孚顒若」，誠意所寓故也。古人脩身齊家治國平天下，本於誠吾意而已。〈詩〉

書所言，莫非明此者。但人自信不及，故無其效。聖人知其效必本於此，是以必由也。或曰：「〈正

心〉於此，安得天下便平治？」曰：「〈正心〉一事，自是人未嘗深知之，若深知而體之，自有其效。觀

後世治天下，皆未嘗識此。然此亦惟聖人力做得徹，蓋心有所忿懥、恐懼、好樂、憂患，一毫少

差，即不得其正。自非聖人，必須有不正處。然有意乎此者，隨其淺深，必有見效，但不如聖人

之效著矣。觀王氏之學，蓋未造乎此，其治天下，專講求法度。如彼脩身之潔，宜足以化民矣，

然卒不逮王文正、呂晦叔、司馬君實諸人者，以其所爲無誠意故也。明道常曰：『有關雎、麟趾

之意，然後可以行周官之法度。』蓋深達乎此。」因問：「顏子『克己』，欲正心耶？」曰：「然。」

或問：「『經緯天下』，須有方法，亦須才氣運轉得行。」曰：「『天保以上治內，采薇以下治外，先王經緯之迹也，其效博矣。然觀其作處，豈嘗費力？本之誠意而已。今鹿鳴、四牡諸詩皆在，先王所以燕群臣，勞使臣者也。若徒取而歌之，其有效乎？然則先王之用心，蓋有在矣。如書堯典序言『克明俊德』，以至『親睦九族，平章百姓，協和萬邦』，法度蓋未及也，而其效已臻。『黎民於變時雍』，然後『乃命羲和，欽若昊天』之事。然則法度雖不可廢，豈所宜先？」

未見易而玩易之文以言易〔六〕，若說得深，即不是聖人作用處，若說得淺，常人之談耳。

因言秦漢以下事，曰：「亦須是一一識得過，欲識得過，須用著意六經。六經不可容易看了。今人多言『要作事，須看史』。史固不可不看，然六經、先王之迹在焉，是亦足用矣。必待觀史，未有史書以前，人何以爲據？蓋孔子不存史而作春秋，春秋所以正史之失得也。今人自是不留意六經，故就史求道理，是以學愈博而道愈遠。若經術明，自無工夫及之；使有工夫及之，則取次提起一事，便須斷遣。處置得行，何患不能識別？」

「盥而不薦」，初未嘗致物也。威儀度數，亦皆未舉，而已「有孚顒若」。其所以交於神明者，

蓋有在矣。又云：「禮莫重於祭，祭莫重於灌。」蓋求鬼神於幽陰之時，未致其文。於此而能致誠以格鬼神，則自灌而往，其威儀度數足觀矣。若不既其實而徒以繁文從事，何足觀乎？故孔子嘗曰：「禘自既灌而往者，吾不欲觀之矣。」蓋歎時也。《易》曰：「東鄰殺牛，不如西鄰之禴祭。」又曰：「二簋可用享。」其不貴物而貴誠如此。又云：古人所以交神而接人，其道一主於誠，初無二也。故曰「明則有禮樂，幽則有鬼神」。幽明本一理，故所以感之者，亦以一理。「聖人以神道設教而天下服。」所謂神道，誠意而已。誠意，天德也。

又云：無誠意以用禮，則所爲繁文末節者，僞而已。故老子絕滅禮學，而曰「忠信之薄，亂之首」也。

「予欲觀古人之象。」「汝明」，非謂明其禮意也。衣服所以章有德，五服五章，或非其稱，不明孰甚焉？

《棠棣》之言，朋友不可相責望，蓋君子恕以處朋友也。若爲人朋友，所以自處則不可爾。《周官》以孝友睦姻任恤，考人之行。若不可責人，聖人何以制法？夫鄰里鄉黨，力足以相助相

持〔七〕，猶不敢不勉，而況於朋友乎？

問：「所解《論語》『犯而不校』處，云視天下無一物，非仁也，故雖犯而不校。此如四海皆兄弟之義看否？」曰：「然。仁者與物無對，自不見其有犯我者，更與誰校？如《孟子》言『仁者無敵』，亦是此理。」

[校勘記]

〔一〕天聰明期於勝人：「天」，《鳴道集》本作「夫」。

〔二〕由仁義行，非行仁義：「非」原作「則」，據《鳴道集》本及《孟子·離婁下》（中華書局影印阮刻十三經注疏本，下《毛詩》、《尚書》、《論語》同）改。

〔三〕故孔子以其未曉而盡告之：「未曉」原脫，據張元濟《龜山語錄校勘記》補。

〔四〕其威儀物數甚矣：「甚」，《鳴道集》本作「盛」。

〔五〕齊子夕發：「夕發」，《鳴道集》本及《毛詩國風》載驪作「發夕」。

〔六〕未見易而玩易之文以言易：「見易」原作「易見」，據《鳴道集》本乙正。

〔七〕力足以相助相持：「持」，《鳴道集》本作「扶」。

卷三

餘杭所聞

揚雄云：「多聞，守之以約；多見，守之以卓。」其言終有病，不如孟子言「博學而詳說之，將以反說約也」爲無病。蓋博學詳說，所以趨約。至於約，則其道得矣。謂之守以「約」、「卓」於多聞多見之中，將何守？見此理分明，然後知孟子之後其道不傳，知孟子所謂「天下可運於掌」爲不妄。

正心到寂然不動處，方是極致。以此感而遂通天下之故，其於平天下也何有？

曾子開不以顏色語言假借人，其慎重爲得大臣之體。於今可以庶幾前輩風流者，惟此一人耳。

「齊戰，在聖人何以慎？」曰：「齊所以事神，戰所以用民命，固當慎也。」曰：「孔子云『我戰則克，祭則受福』，何也？」曰：「此非聖人之言。王者之兵，有征無戰。『必也臨事而懼，好謀而

成」，又敢自謂其能克乎？夫祭之爲道，初不爲致福，故祭祀不祈。君子於其親，春秋祭祀，以時思之。其他所祭，報本反始而已，何求福之有？」又曰：「武王三分天下有其二，度德量力，皆足以勝受而無疑焉，而曰：『受克予，非朕文考有罪，惟予小子無良。』是不敢必其戰之勝也。而〈記〉稱孔子之言曰：『我戰則克』必不然矣。」

問：「或謂人主之權當自主持，是否？」曰：「不爲臣下奪其威柄，此固是也。〈書〉稱湯曰：『用人惟己。』而孟子亦曰：『見賢焉，然後用之。』則人君之權，豈可爲人所分？然孟子之論用人、去人、殺人，雖不聽左右，諸大夫之毀譽，亦不聽國人之公。因國人之公是非，吾從而察之，必有見焉而後行，如此則權常在我矣。若初無所見，姑信己意爲之，亦必終爲人所惑，不能固執矣。」

問：「或謂衛於王室爲近，懿公爲狄所滅，齊桓公攘戎狄而封之。當是時，夷狄橫而中國微，桓公獨能如此，故孔子曰：『微管仲，吾其被髮左衽矣。』爲其功如此也。觀晉室之亂，胡羯猖獗於中原。當是時，只爲無一管仲，故顛沛如此。然則管仲之功，後世信難及也。」曰：「若以後世論之，其功不可謂不大。自王道觀之，則不可以爲大也。今人只爲見管仲有此，故莫敢輕議，不知孔孟有爲，規模自別。見得孔孟作處，則管仲自小。」曰：「孔孟如何？」曰：「必也以

天保以上治內，以采薇以下治外，雖有夷狄，安得遂至中原乎？如小雅盡廢，則政事所以自治者俱亡，四夷安得而不交侵，中國安得而不微？方是時，縱能救之於已亂，雖使中國之人不至被髮左衽，蓋猶賢乎周衰之列國耳，何足道哉？如孟子所以敢輕鄙之者，蓋以非王道不行故也。」曰：「然則孔子何為深取之？」曰：「聖人之於人，雖有毫末之善必錄之，而況於仲乎？若使孔子得君如管仲，則管仲之事，蓋不暇為矣。」

問：「或謂今世直道難行，必有術焉。若事事要是自立不任道，如何行得？觀周勃、狄仁傑之在漢唐，必須優柔浸灌，蒙恥忍垢，俟時而後發，故功成事遂。如必危言極論，則速禍無補矣。」曰：「學者當以聖王為師，如周勃何人而可取法？勃之不為祿、產戮也，幸矣。觀其提北軍而入也，號於衆曰：『為劉氏者左袒。』此最為無謀，設使當時呂氏之黨先有以固結衆心，皆為之右袒，何以處之？非唯皆右袒，只使左右袒者相半，亦不能決勝矣，豈不危乎？為勃之計，但當問義之所在，以義驅之可也。」曰：「勃須知衆心皆為劉氏，故為此說。」曰：「既知其為劉氏，則此說尤為贅語。如當時平、勃兩人俛首以事呂后，其在平則或有謀，在勃驅之為亂，亦固從之矣，此何可保？觀勃初無學術，亦無智略，庸謬人耳。方文帝論之就國，畏帝以事誅之，至使人以兵甲左右為衛。若果君命見誅，勃始將以所自衛者叛乎？此尤可笑也。後之人多以成敗論人物，

故如勃者得與忠賢之列，亦可謂幸矣。狄仁傑在武后時，能撥亂反正，謂之社稷臣可也。然亦何嘗挾數任術？觀史氏所載，其議論未嘗不以正。當時但以母子天性之說告武后，其濱於死者亦屢矣。卒至武后怒而言曰：『還汝太子！』夫豈嘗姑務柔從，以陰幸事之成乎？孟子曰：『君子創業垂統，爲可繼也。若夫成功，則天也。』人臣之事君，或遠或近，或去或不去，歸潔其身而已也，豈可枉己以求難必之功乎？」又言：「西漢之士多尚權謀，戰國餘俗也。觀高祖時，只有一張子房乃君子人，其他少有可取者。」又言：「班固稱高祖謂『王陵少戇，可以佐陳平，然安劉氏者必勃』，此語蓋未驗也。陳平獨任事甚久，王陵一言而免，終不曾佐得陳平，平獨任，亦無變。」

孟子言：「人不足與適也，政不足與間也，惟大人爲能格君心之非。」蓋人與政俱不足道，須使人君心術開悟，然後天下事可循序整頓。然格君心之非，須要有大人之德。大人過人處，只是正己。正己，則上可以正君，下可以正人。今之賢者多尚權智，不把正己爲先，縱得好時節，終是做不徹。或謂「權智之人，亦可以救時」，據某所見，正不欲得如此人在人君左右，壞人君心術。

因言：「人君喻臺諫言事，若事當言，可以言否？」曰：「英宗朝，傅欽之奏劄子，上不從，因

曰：『臺諫有合理會事却不理會。』欽之曰：『不知方今合理會者是何事？』上曰：『何不言蔡襄？』欽之云：『若襄有罪，陛下何不自朝廷竟正典刑責之[一]，安用臣等言？』上曰：『欲使臺諫言其罪，以公議出之。』欽之云：『若付之公議，臣但見蔡襄辦山陵事有功[二]，不見其罪。臣身為諫官，使臣受旨言事，臣不敢。』」

因言特旨及御筆行遣事，曰：「仁宗時，或勸云：『陛下當收攬權柄，勿令人臣弄威福。』仁宗曰：『如何收攬權柄？』或曰：『凡事須當自中出，則福威歸陛下矣。』仁宗曰：『此固是。然措置天下事，正不欲自朕出。若自朕出，皆是則可，如有不是，難於更改，不如付之公議，令宰相行之。行之而天下以為不便，則臺諫得言其失，於是改之為易矣。』據仁宗識慮如此，天下安得不治？人君無心如天，仁宗是也。」

曾子開端嚴可畏，有大臣之風。若其輩流，雖位崇望重，少不以言語禮貌牢籠人者，殊為失體。

章郇公在私第，子弟有夜叩門稟事者，公曰：「若是公事，明早來待漏院理會。若是私事，

即於堂前夫人處稟覆。」在中書，一日坐處地陷，徐起，使人填之，不以爲怪。家人聞之甚憂。及公還家，亦不言。至晚，公與弟虞部者對飲，虞部問公…「今日聞中書地陷，是否？」曰…「中書地何干汝事！」竟不言。前輩大抵有此氣象，卒乍搖撼不動。

爲政要得屬威嚴，使事事齊整甚易，但失於不寬，便不是古人作處。孔子言…「居上不寬，吾何以觀之哉？」又曰…「寬則得眾。」若使寬非常道，聖人不只如此説了。今人只要事事如意，故覺見寬政悶人。不知權柄在手，不是使性氣處。何嘗見百姓不畏官人，但見官人多虐百姓耳。然寬亦須有制始得，若百事不管，唯務寬大，則胥吏舞文弄法，不成官府。須要權常在己，操縱予奪，揔不由人，儘寬不妨。伯淳作縣，常於坐右書「視民如傷」四字，云…「某每日常有愧於此。」觀其用心，應是不錯決撻了人。古人於民，若保赤子。爲其無知也，常以無知恕之，則雖有可怒之事，亦無所施其怒。無知則固不察利害所在，教之趨利避害，全在保者。今赤子若無人保，則雖有坑阱在前，蹈之而不知。故凡事疑有後害，而民所見未到者，當與他做主始得。州縣近令勸誘富民買鹽，勸誘即須有買者。但異時令百姓買鹽，其初亦令勸誘，百姓名一人官以後，便不可脱。爲民父母，豈可暫時罔之，使之終身受其害？

《孟子》一部書，只是要正人心，教人存心養性，收其放心。至論仁義禮智，則以惻隱、羞惡、辭讓，是非之心爲之端。論邪說之害，則曰「生於其心，害於其政」。論事君，則欲格君心之非，正君而國定。千變萬化，只說從心上來。人能正心，則事無足爲者矣。《大學》之脩身、齊家、治國、平天下，其本只是正心誠意而已。心得其正，然後知性之善。永叔論列是非利害，文字上儘去得，但於性分之内全無見處，更說不行。

人之教人，性非所先。人性上不可添一物，堯舜所以爲萬世法，亦只是「率性」而已。所謂「率性」，循天理是也。外邊用計用數，假饒立得功業，只是人欲之私，與聖賢作處，天地懸隔。

問：「如管仲之才，使孔子得志，行乎天下，還用之否？」曰：「管仲高才，自不應廢，但紀綱法度不出自他，儘有用處。」曰：「若不使他自爲，或不肯退聽時，如何？」曰：「如此則聖人廢之，不問其才。」因言：「王道本於誠意，觀管仲亦有是處，但其意別耳。如伐楚事，責之以包茅不貢，其言則是。若其意，豈爲楚不勤王然後加兵？但欲楚尊齊耳。尊齊而不尊周，管仲亦莫之詰也。若實尊周，專封之事，仲豈宜爲之？故孟子曰：『五霸假之也。』蓋言其不以誠爲之也。

今蘇州朱沖，施貧度僧，置安樂院給病者醫藥，人賴以活甚衆。其置物業，則厚其直，及其收息，則視衆人所取而輕之。此皆是好事，只爲其意正在於規利而竊譽於人，故人終不以好人許之。

仲尼之門，無道桓、文之事，而孟子直截不比數之，其意亦猶此也。」又言：「自孟子後，人不敢小管仲，只爲見他不破。近世儒者如荆公，雖知卑管仲，其實亦識他未盡，況於餘人？人若知『王良羞與嬖奚比，而得禽獸，雖若丘陵，弗爲』之意，則管仲自然不足道。」又言：「管仲只爲行詐，故與王者。若王者，純用公道而已。」又言：「霸者之民，驩虞如也。治民使之驩樂，有甚不得？但如所謂皞皞如也，則氣象便與霸者之世不同。蓋彼所以致人驩虞，必有違道干譽之事。若王者則如天，亦不教人喜，亦不教人怒。」

瑩中言乘舟事最好〔三〕。然元祐舟不知爲甚椿得太重，及紹聖時，不知却如何亦偏多載了。據此，兩舟所載者，因何物得重，今當減去何物則適平。若被人問到此，須有處置始得。如是本分處置得事之人，必須有規矩繩墨，一一調和得是，不令錯了。若只説得惚腦便休，亦不濟事。

孟子言「天下可運於掌」，如彼所言，天下誠可運於掌也。

謂：曾見志完云「上合下便執得『繼述』兩字，牢更不可易」，因言「繼述」兩字自好，但今用之非是。當時自合説與真個道理。且「好貨好色」，孟子猶不鄙其説而推明之，而況上有繼述之意，豈容無所開道，而使小人乘間謬爲邪説以進？則其末流激成今日之弊，不足怪矣。夫繼

述之說，始於記所稱武王、周公。今且舉周公二三事明之：文王耕者九一，至周公則更而爲徹。文王關市譏而不征，至周公則征之。武王克商，乃反商政，政由舊。逮周公七年，制禮作樂。昔者文武所由之政安在？聖人作處，唯求一個是底道理。若果是，雖紂之政有所不革，果非，雖文武之政有所不因。聖人何所容心？因時乘理，欲天下國家安利而已。且如神考十九年間，艱難勤苦，制爲法度，蓋欲以救時弊、便百姓也，是亦神考也。便百姓則其志，救時弊則其事，此獨不當繼述乎？今繼述足以救時弊、便百姓也。釋此不務，乃欲一二以循熙豐之迹，不然則爲不孝。此何理也？且如祖宗有天下百有餘年，海內安樂，其法度豈皆不善？神考一起而更之，神考亦謂之不孝，可乎？自唐末至五代，禍亂極矣。太祖、太宗順人心，定天下，傳數世而無變，此豈常人做得？然而法度不免有弊者，時使之然爾。若謂時使之然，則神考之法，豈容獨能無弊？補偏救弊，是乃神考所以望乎後世也，何害於繼述，而顧以爲不孝乎？今之所患，但人自不敢以正論陳之於上，恐有滯礙妨嫌。若吾輩在朝廷，須是如此說始得，其聽不聽，則其去就之義焉〔四〕。議論不知道理所在，徒有口辯，即勝他識道理人不過。如戰國說士，遇孟子便無開口處。

問：「或謂荊公晚年詩多有譏誚神考處，若下注脚，儘做得謗訕宗廟，他日亦拈得出。」曰：

「君子作事，只是循一個道理。不成荊公之徒箋注人詩文，陷人以謗訕宗廟之罪，吾輩也便學

他？昔王文正在中書，寇萊公在密院，中書偶倒用了印，萊公須勾吏人行遣。他日，密院亦倒用

了印，中書吏人呈覆，亦欲行遣。文正問吏人『汝等且道密院當初行遣倒用印者，是否？』曰：

『不是。』文正曰：『既是不是，不可學他不是。』更不問。如今日所罪謗訕宗廟、毀謗朝政者，自

是不是。先王之時，惟恐不聞其過，故許人規諫。至於舜求言〔五〕，乃立謗木，是真欲人之謗己

也。書曰：『小人怨汝詈汝，則皇自敬德。』蓋聖人之於天下，常懼夫在己者有所未至，故雖小人

怨詈，亦使人主自反。詩三百篇經聖人刪過，皆可以為後王法。今其所言，譏刺時君者幾半，不

知當時遭謗訕之罪者幾人。夫禁止謗訕，自出於後世無道之君，不是美事，何足為法？若祖宗

功德，自有天下後世公議在，豈容小己有所抑揚？名之曰『幽』『厲』，雖孝子慈孫，百世不能改。

夫為人子孫，豈不欲聖賢其祖考？但公議以惡名歸之，則雖欲改之，不能得也。其曰名之曰

『幽』、『厲』，當時誰實名之？如此在人主前開陳，乃是正理。今之君

子，但見人言繼述，亦言繼述，見人罪人謗訕〔六〕，亦欲求人謗訕之迹罪之。如此只是相把持，正

理安在？如元祐臣寮章疏論事，今乃以為謗訕，此理尤非。使君子得志，須當理會令分明。今

反謂他門亦嘗謗訕，不唯效尤，兼是使元祐賢人君子愈出脫不得，濟甚事？」

言季常在京時，嘗問正心誠意如何便可以平天下？與之言：後世自是無人正心，若正得

心，其效自然如此。此心一念之間，毫髮有差，便是不正。要得常正，除非聖人始得，且如吾輩，還敢便道自己心得其正否？此須是於喜怒哀樂已發之後能得所謂「和」〔七〕。致中和，則天地可位，萬物可育，其於平天下何有？因論孟子直以禹稷比方顏子，只顏子在陋巷時如禹稷事業，便可爲之無難。若正心誠意不足以平天下，則禹稷功魏魏如此〔八〕。如顏子者如何做得。

問：「伯夷、柳下惠如何見得能朝諸侯、一天下？」曰：「只看顏子在陋巷，便做得禹稷事業，則夷、惠之能朝諸侯，一天下可知。聖人之得邦家，綏之斯來，動之斯和，自是力量不同。如夷、惠之風，能使頑夫廉、懦夫有立志、鄙夫寬、薄夫敦、奮乎百世之上下，聞者莫不興起，則其未有爲之時，人固已心悅而誠服之矣。使得百里之地而君之，其效宜如何？」

叔孫通作原廟，是不使人主改過，而教之恥過，作非也。此爲萬世之害。今太廟却閑了，只嚴奉景靈宮，是舍先王之禮而從一謬妄之叔孫通也，豈不過乎？

「毋意」，只是去私意，若誠意則不可去也。此條重見。〔九〕

因讀東坡和淵明〈形影神詩〉，其〈影答形〉云：「君如煙上火，火盡君乃別。我如鏡中像，鏡壞我不滅。」曰：「影因形而有無，是生滅相。故佛嘗云：『一切有爲法，如夢幻泡影。』正言其非實有也，何謂不滅？」他日，亦嘗讀〈九成臺銘〉，云：「此說得之莊周。然而以江山吞吐、草木俯仰、衆竅呼吸、鳥獸號鳴爲天籟，此乃周所謂地籟也。但其文精妙，讀之者或不之察耳。」

言：「荊公云『天使我有是之謂命，命之在我之謂性。』是未知性命之理。其曰『使我』，正所謂使然也。然使者可以爲命乎〔一〇〕？以命在我爲性，則命自一物。若〈中庸〉言『天命之謂性』，性即天命也，又豈二物哉？如云在天爲命，在人爲性，此語似無病，然亦不須如此說。性、命初無二理，第所由之者異耳。『率性之謂道』，如〈易〉所謂『聖人之作〈易〉，將以順性命之理』是也。」

謂常問志寧云：「『至道無難，惟嫌揀擇。』其理是否？」志寧曰：「是。」曰：「若爾，公何不殺人放火？」志寧無語。

揚雄云：「學所以修性。」夫物有變壞，然後可修。性無變壞，豈可修乎？唯不假修，故〈中庸〉但言「率性」、「尊德性」，孟子但言「養性」，孔子但言「盡性」。

因論荆公法云：青苗、免役亦是法，然非藏於民之道。如青苗取息雖不多，然歲散萬緡，則奪民二千緡入官，既入官，則民間不復可得矣。免役法取民間錢，雇人役於官，其得此錢用者，蓋皆州縣市井之人，不及鄉民。鄉民惟知輸而已，而不得用，故今鄉民多乏於財也。青苗二分之息，可謂輕矣，而不見有利於百姓，何也？今民間舉債，其息少者亦須五七分，多者或倍，而亦不覺其爲害。曰：惟其利輕且官中易得，人徒知目前之利而不顧後患，是以樂請。若民間舉債則利重，又百端要勒，得之極難，故人得已且已。又青苗雖名取二分之息，其實亦與民間無異。蓋小民既有非不得已而請者，又有非不得已而用之，且如請錢千，或遇親舊於州縣間，須有酒食之費，不然，亦須置小小不急之物。只使二百錢，已可比民間四分之息。又請納時往來之用，與官中門戶之賂遺，至少亦不下百錢，況又有胥吏追呼之煩，非貨不行。而公家期限又與私家不同[一一]，而民之畏法者，至舉債以輸官，往往沿此，遂破蕩產業者固多矣。此所以有害而無利也。或云：「官中息輕，民得之可以自爲經營，歲豈無二分之息乎？」蓋未之思也。若用之商販，則錢散而難集，正公家期逼，卒收不聚，失所指準，其患不細。往年富家知此患也，官中配之請，不得已請而藏之。比及期，出私錢爲息，輸之官乃無患。然使民如此[一二]，是無事而侵擾之也，何名補助之政乎？

翟霖送正叔先生西遷，道宿僧舍，坐處背塑像，先生令轉倚勿背。霖問曰：「豈以其徒敬之，故亦當敬耶？」正叔曰：「但具人形貌，便不當慢。」因賞此語，曰：「孔子云：『始作俑者，其無後乎？』為其象人而用之也。』蓋象人而用之，其流必至於用人。君子無所不用其敬，見似人者不忍，於人可知矣。若於似人者而生慢易之心，其流必至於輕忽人。」

孟子言「仁者如射」，蓋生於子思「射有似乎君子」之說。言「大人者，言不必信，行不必果，惟義所在」，蓋生於孔子以「言必信，行必果，為硜硜然小人」之說。

學校養士，反不如居養、安濟所費之多。如餘杭學今止有三十人，而居養、安濟乃共有百餘人。居養、安濟，人給米二升、錢二十，為士者所給如其數加四錢耳，而士未必常在學也，則其所費固寡於彼矣。若其所養，實是窮民疾病者誠善，然所養止浮浪游手之徒耳。夫厲良民而養游手，是何政事？近詔又收養年五十者，自此往來者益多，所費當益廣。夫年五十則子自可昏，女自可嫁，安得為無告之窮民乎？又其所養多聚異鄉之人，不許根問來處，則雖有父子夫婦，官吏何緣得知？故其弊為甚。若只許土著人就本貫收養，亦易為檢察，而其弊減矣。

因看合浦論無爲軍役法，曰：「天下役法多有不同處。如所論，與潭州處置全別。潭州紹聖間所定，皆出公之手。」此爲待之盡，然亦須養得過方得，若養他不過，不如勿給，徒費財耳。何則？彼爲吏於此，蓋欲以活父母妻子，故爲之。今也養之不過，雖有刑戮在前，寧免其受賕乎？如法曹之俸月十千，而法司乃十二千，則法吏之禄爲過於法官。又常平吏人月給六千，此乃可責之以不受賕。其餘千錢，或二三千而已。給紙札尚不足，安能活其家？則其勢須至乞覓。如必若法司、常平吏人，重其禄，則財用之費無所從出。兼是吏禄亦有不用多給者，如學士、茶鹽司吏人，近制禄皆不減十千。彼有何事繁難，作何情弊而可以當此禄乎？若此，雖謂之妄費，可也。

民之於上，不從其令，而朝廷惟以言論之，宜其以爲虛文而莫之聽也。今天下非徒不從上令，而有司亦不自守成法。觀官吏所奉行，惟奉行朝廷之意而已，若皆守法，則法亦自足以致治。且如役法，者長許募而不許差，輒差者徒二年。然法當募上戶，其備二千錢，逐州縣定。此餘杭所定。豈有上戶肯利若干錢而願役於官乎？上戶不願，則其勢須至強使爲之，是名募而實差也，其如法何？又如日近買翎毛，郡不敷，諸縣令買者，以於法不許抑配故也。然翎毛非人所常有，而郡中文移督責諸縣，但使之催人以其所收藏翎毛輸之官。若縣中只依法行遣，安得辦

集？其勢亦須至抑配。是名和買，而實抑配也。如此者，皆法之不可行者也。法至於不可行，則人惟意之從而已。

立法要使人人易避而難犯，則必行而無赦，此法之所以行也。是以犯法之人官吏多不忍，行法必宛轉爲犯者之地，法如何行得？今法太嚴密，直使人於其間轉側不得，故易犯。

人各有勝心，勝心去盡而惟天理之循，則機巧變詐不作。若懷其勝心，施之於事，必以一己之是非爲正，其間不能無窒礙處。又固執之不移，此機巧變詐之所由生也。孔子曰：「不知命，無以爲君子。」知命，只是事事循天理而已。循天理則於事無固必，無固必則計較無所用。

神考問伯淳：「王安石如何人？」伯淳云：「安石博學多聞則有之，守約則未也。」又嘗問：「是聖人否？」伯淳云：「詩稱周公『公孫碩膚，赤舃几几』，聖人蓋如是。若安石剛褊自任，恐聖人不然。」

問：「子思之不使白也喪出母也，是乎？」曰：「禮：適子不爲出母服。」曰：「何也？」曰：

「繼體也。」

問：「陳莊子死，赴於魯，縣子謂繆公哭之，而曰：『有愛而哭之，有畏而哭之，夫哭之也以畏。』何也？」曰：「以言世有然也，非古之禮也。若古之大夫，則束脩之問不出竟，故生無相問，其死也何赴告之有哉？後世國亂而君昏，為臣者交政於中國，故生則同盟，死則赴告，非禮也。故春秋因其卒而書之，所以著其罪也。」

仲素問：「橫渠『氣質之性』，如何？」曰：「人所資稟固有不同者，若論其本，則無不善。蓋『一陰一陽之謂道』，陰陽無不善。而人則受之，以生故也。然而善者其常也，亦有時而惡矣。猶人之生也，氣得其和，則為安樂人。及其有疾也，以氣不和而然也，然氣不和，非其常治之而使其和，則反常矣。其常者性也，此孟子所以言性善也。橫渠說氣質之性，亦云人之性有剛柔、緩急、強弱、昏明而已，非謂天地之性然也。今夫水清者，其常然也，至於湛濁，則沙泥混之矣。沙泥既去，其清者自若也。是故君子於氣質之性必有以變之，其澄濁而水清之義歟？」

因見王逢原文集，曰：「此高論怨誹之人也。」他日嘗曰：「此子才則高矣，見道則未。」

中庸深處，多見於《孟子》之書，其所傳也歟？

徐師川歸洪州，欲不復來。先生問之曰：「公免得仕宦否？若端的有以自贍，不必復來固好，第亦須着仕宦如何？」師川曰：「亦以免仕宦未得。」曰：「如此則當復來供職？仕宦處處一般，既未免得，須復爲他官。逃此之彼，彼亦宜有不安處，是無地可以自容也。」師川曰：「來此復爲人所羅織，陷於禍，奈何？」曰：「顧吾所自爲者如何耳。苟自爲者皆合道理而無愧，然而不能免者，命也。不以道理爲可憑依而徒懼其不免，則無義無命矣。若做不得，去之未爲晚。」又言：「人只爲不知命，故纔有此二事，便自勞攘，若知得徹，便於事無不安。」孔子曰：『天生德於予，桓魋其如予何？』固嘗解云：『使孔子不免於桓魋之難，是亦天也。桓魋其如何哉？』蓋聖人之於命如此。夫富貴死生，人無與焉，何尤人之有？孟子分明爲臧倉所毀，不遇於魯侯，而以爲不遇，非臧倉之力，蓋知命也。列子曰：『桓公非能用讎也，不得不用；管仲非能舉賢，不得不舉。』此說得之矣。」曰：「列子此說似知命，然至其論夷、惠，以爲矜清貞之尤，以放於餓死。寡宗以公孫朝穆之事爲得計，以堯、舜、桀、紂之事爲不足較，茲豈非其過乎？」曰：「然。」曰：「其過也，若聖人所謂知命，義常在其中矣。」「然則彼亦豈得之而不盡者乎？」曰：「然。」

仲素問：「知微之顯，莫只是戒慎乎其所不睹，恐懼乎其所不聞否？」曰：「然。」因言：「有僧入僧堂，不言而出。或曰：『莫道不言，其聲如雷。』莊周之『尸居而龍見，淵默而雷聲』，可謂善言者也。」

孟子直是知命。滕文公以齊人築薛爲恐，問救之之術，而對以「君如彼何哉？强爲善而已矣」。以「竭力事大國，則不得免」，問安之之道，而對以「太王居邠，不以其所養人者害人」，而繼之以「效死不去」之策。自世俗觀之，可謂無謀矣，然以理言之，只得如此說。舍此則必爲儀、秦之爲矣。凡事求可，功求成，取必於智謀之末而不循天理之正者，非聖賢之道也。天理即所謂命。

語羅仲素云：「今之學者只爲不知學之方，又不知學成要何用。此事體大，須是曾著力來，方知不易。夫學者，學聖賢之所爲也，欲爲聖賢之所爲，須是聞聖賢所得之道。若只要博通古今爲文章，作忠信愿愨，不爲非義之士而已，則古來如此等人不少，然以爲聞道則不可。且如古今爲文章，或志於忠信愿愨，不爲非義而已，而不有事到手，便措置不得。蓋其所學，以博通古今爲文章，或志於忠信愿愨，不爲非義而已，而不東漢之衰，處士逸人與夫名節之士，有聞當世者多矣，觀其作處，責之以古聖賢之道，則略無毫髮髣髴相似，何也？以彼於道，初無所聞故也。今時學者，平居則曰：『吾當爲古人之所爲。』纔

知須是聞道，故應如此。由是觀之，學而不聞道，猶不學也。

仲素問：「詩如何看？」曰：「詩極難卒說。大抵須要人體會，不在推尋文義，在心為志，發言為詩。情動於中而形於言，言者情之所發也。今觀是詩之言，則必先觀是詩之情如何。不知其情，則雖精窮文義，謂之不知詩可也。子夏問：『巧笑倩兮，美目盼兮，何謂也？』子曰：『繪事後素。』曰：『禮後乎？』孔子以謂『可與言詩』。如此全要體會。何謂體會？且如關雎之詩，詩人以興后妃之德。蓋如此也，須當想象雎鳩為何物，知雎鳩為摯而有之禽，則又想象關關為何聲。知關關之聲為和而通，則又想象雎鳩為何所在。知河之洲為幽閑遠人之地，則知如是之禽。其鳴聲如是，而又居幽閑遠人之地，則后妃之德可以意曉矣，是之謂體會。惟體會得，故看詩有味。至於有味，則詩之用在我矣。」

語仲素：「西銘只是發明一個事天底道理。所謂事天者，循天理而已。」

因論蘇明允權書衡論曰：「觀其著書之名已非，豈有山林逸民立言垂世，乃汲汲於用兵如此，所見安得不為荆公所薄？」曰：「大蘇以當時不去二虞之患，則天下不可為。又其審敵篇引

七〇

晁錯説景帝削地之策，曰：『今日夷狄之勢，是亦七國之勢。』其意蓋欲掃蕩二虜，然後致太平耳。」曰：「纔以用兵爲事，只見搔擾，何時是天下息肩時節？以仁宗之世視二虜，豈不勝如戰國時？然而孟子在戰國時所論，全不以兵爲先，豈以崇虛名而受實弊乎？亦必有道矣。」

問：「秦少游進卷論所以禦戎，乃欲以五路之兵歲出一路，以擾夏人之耕。如此是吾歲一出兵，而使夏人歲歲用兵，此滅狄之道也。當時元祐間有主此議者，此果可用否？」曰：「王者之兵有征無戰。必不得已，誅其君而弔其民可也。豈容如此？兼是亦無此理。今常以五路之師合攻夏人，尚時有不支。歲出一路，其傾國而來，攻城破邑，吾其可止以一路之衆當之乎？大抵今之士人議論只是口頭説得，施之於事未必有效。」

言朱公掞上殿，神考問欲再舉安南之師。公掞對：「願陛下禽獸畜之。蓋夷狄，得其地不可居，得其民不可使，得已且已，須要廣土闢地，何益？」自紹聖、崇寧以來，所以待夏人，大是失策。有德此有人，有人此有土，有土此有財，有財此有用。今不務德以致人，徒得其空地，又運中國之財以守之，是何所見？

君臣之間，要當一德一心，方作得事。古之聖賢相與以濟大業，蓋無不然者。觀舜命禹征有苗，已誓師往伐，而益以一言贊禹，禹遂班師。舜以禹之班師，便爲之誕敷文德，而有苗格矣。舜命禹征，禹既行，而益有言，宜告之舜，不告舜而告之禹。禹承命於舜，及其不遂行也，宜先稟之舜，乃擅反兵而不疑。舜於二人者，無責焉可也，乃徇其所爲，從而相之。益之意，豈不曰禹猶舜？而禹之意，豈不曰舜猶已也歟？夫是之謂一德一心。自今觀之，則益之言可以謂之沮壞成事，而禹之事，爲逗留君命矣。然古之君臣各相體悉如此，此古人立功所以易[一三]，而後世成事所以難也。

語仲素曰：「某嘗有數句教學者讀書之法，云：『以身體之，以心驗之。從容默會於幽閑靜一之中，超然自得於書言象意之表。』此蓋某所爲者如此。」

又云：「西銘會古人用心要處爲文，正如杜順作法界觀樣。」

仲素問：「盡其心者知其性，如何是盡心底道理？」曰：「未言盡心，須先理會心是何物。」又問：「心之爲物，明白洞達，廣大靜一，若體會得了然分明，然後可以言盡。未理會得，心盡箇甚？能盡其心，自然知性，不用問人。大抵須先理會仁之爲道，知仁則知心，知心則知性。

是三者，初無異也。 |横渠作|西銘，亦只是要學者求仁而已。」

論及陽城事，謂|永叔不取〔一四〕，純夫取之之無已，其不成人之美亦甚哉！」此論似近厚。曰：「|陽城固可取，然以爲法則不可。後世猶責欲相，其來非一朝一夕，何不救之於漸乎？至於|陸贄之貶，然後論|延齡之姦佞，無益矣。|裴|延齡之退小人之道不然。〈|易〉之〈|姤卦〉曰：『女壯，勿用取女。』夫|姤，一陰生，未壯也。而曰壯者，生而不已，固有壯之理也。取女，則引而與之齊也。引而與之齊，則難制矣。陰者小人之象也，小人固當制之於漸也。故當陰之生，則知其有壯之理。其有壯之理，則『勿用取女』可也。是以〈|姤〉之初爻曰：『繫于金柅，貞吉。有攸往，見凶。』金柅，止車之行也。陰之初動，必有以柅之，其制之於漸乎？蓋小人之惡，制之於未成則易，制之於已成則難。|延齡之用事，權傾宰相，雖不正名其爲相，其惡自若也，何更云待其爲相，然後取白麻壞之耶？然|城之所爲，當時所難能也，取之亦是，但不可以爲法耳。」

[校勘記]

〔一〕陛下何何不自朝廷竟正典刑責之：「竟」，〈鳴道集〉本作「意」。〈宋史〉(中華書局點校本)卷三四一〈傅堯俞傳〉有「陛下何不自正典刑」句。按：|傅堯俞，字欽之。

〔二〕臣但見蔡襄辦山陵事有功：「辦」，原作「辨」，據宋史傅堯俞傳改。

〔三〕瑩中言乘舟事最好：「乘」，鳴道集本作「宰」。皇朝編年備要卷二五作「宰」，又宋史卷三四五陳瓘傳作「乘」，按：陳瓘，字瑩中。

〔四〕則其去就之義焉：「其」，鳴道集本作「有」。

〔五〕至於舜求言：「於」，鳴道集本作「如」，意長。

〔六〕見人罪人謗訕：第二個「人」字原闕，據鳴道集本補。

〔七〕喜怒哀樂已發之後：「已發」三字原闕，據上文「未發」及鳴道集本補。

〔八〕則禹稷功巍巍如此：「功」，鳴道集本作「功業」。

〔九〕此條重見：原作大字正文，據體例改。

〔一〇〕然使者可以爲命乎：「然使」，鳴道集本作「使然」。

〔一一〕而公家期限又與私家不同：「私家」，鳴道集本作「私間」。

〔一二〕然使民如此：「然」，鳴道集本作「終」。

〔一三〕此古人立功所以易：「此」字原闕，據鳴道集本補。

〔一四〕謂永叔不取：「取」原作「能」，據下文及鳴道集本改。

卷四

餘杭所聞

神宗賜金荆公，荆公即時賜蔣山僧寺爲常住。了翁云：「嘗見人説，以此爲曠古所難，其實能有多少物。人所以難之，蓋自其眼孔淺耳。」曰：「荆公作此事，絶無義理。古者人君賜之果，尚懷其核，懷核所以敬君賜也。所賜金義當受則受，當辭則辭，其可名爲受之而施之僧寺乎[一]？是賤君賜也。金可賤，君賜不可賤。〈書〉曰：『人不易物，惟德其物[二]。』若於義當受而家已足，不願藏之家而班諸昆弟之貧者，則合禮矣。」

真宗問李文靖曰：「人皆有密啓而卿獨無，何也？」對曰：「臣待罪宰相，公事則公言之，何用密啓？夫人臣有密啓者，非讒即佞，臣常惡之，豈可效尤？」曰：「祖宗時宰相如此，天下安得不治？」

因說唐明皇欲取石堡城，王忠嗣不可。李光弼勸之，忠嗣曰：「石堡城非殺數萬人不可取。忠嗣今不奉詔，縱得罪天子，不過以一將軍歸宿衛。忠嗣豈以一官易數萬人之命哉？」忠嗣如此，極知輕重。曰：「忠嗣意甚善，然不能無過。夫人臣之事君，苟利於國，死生以之，不應以官職之不足顧計爲言也。謂官職之不足道，此猶以利言。若是古之賢聖處事，只論是非而已。如以利言，則禍患有大於一將軍、宿衛、黔中上佐，是將從之乎？惜乎，忠嗣之處此未盡也！」然則其言合如何？」曰：「當云：『今得罪主上，不過一身之利害危辱耳，豈可以一身之重而輕數萬人之命哉？』如此則其言無病。」

因言真宗朝有百姓爭財，以狀投匭，其語有比上德爲桀紂者。比奏御，真宗令宮中錄所訴之事付有司根治，而匿其狀，曰：「百姓意在爭財，其實無他。若並其狀付有司，非惟所訴之事不得其直，必須先按其指斥乘輿之罪，百姓無知，亦可憐也。」曰：「祖宗慈仁如此。〈書曰『小人怨汝詈汝，則皇自敬德。』祖宗分明有此氣象，天下安得而不治？」言真宗時，監司有以羨餘進奉者議賞。内批云：「國家賦有常數，安得羨餘？果有之，若非入時大量，即是出時減刻，安可賞？」因曰：「祖宗不爲文章，然似此語言，萬世可傳誦也。」

謂揚子雲作太玄，只據他立名便不是。既定却三方、九州、二十七部、八十一家，不知如何

相錯得？八卦所以可變而爲六十四者，只爲可相錯，故可變耳。惟相錯，則其變出於自然也。

問：「正叔先生云：『或説易曰：「乾天道，坤地道。」正是亂説。』」曰：「乾坤非天地之道

邪？」曰：「乾豈止言天？坤豈止言地？」又，問：「乾坤不止言天地，而乾卦多言天，坤卦多

言地，何也？」曰：「本乎天者親上，本乎地者親下，則各從其類也。」乾卦言天，坤卦言地，只爲

語其類耳。如説卦於乾，雖言爲天，又言爲金、爲玉，以至爲駁馬、良馬、爲木果之類，豈盡言

天？故繫辭曰：『伏羲始作八卦，以通神明之德，以類萬物之情。』若此者，所謂類萬物之情也。

只如説卦所類，亦不止此。爲之每發其端，使後之學易者觸類而求之耳。蓋作易者，仰則觀象

於天，俯則觀法於地，觀鳥獸之文與地之宜，近取諸身，遠取諸物。

卦於天文地理則爲某物，於鳥獸草木則爲某物，於身於物則爲某物。」各以例舉，不盡言也。學

者觸類而求之，則思過半矣。不然，説卦所叙，何所用之？」

論橫渠，曰：「正叔先生亦自不許他。」曰：「先生嘗言自孟子之後無他見識，何也？」曰：

「如彼見識，秦漢以來何人到得？」論與叔，曰：「正叔先生嘗言與叔只是守橫渠説，更不肯易，

才東邊扶得起，又倒從西邊去。」此二人爲常有疑焉，故問。

謂孔子曰：「自古皆有死，民無信不立。」今天下上自朝廷大臣，下至州縣官吏，莫不以欺誕爲事，而未有以救之，只此風俗怎抵當他？

謂學校以分數多少校士人文章，使之胸中日夕只在利害上。如此作人，要何用？

謂正叔云，古之學者四十而仕，未仕以前二十餘年得盡力於學問，無他營也，故人之成材可用。今之士十四五以上便學綴文覓官，豈嘗有意爲己之學？夫以不學之人，一旦授之官，而使之事君長民治事，宜其效不如古也。故今之在仕路者，人物多凡下，不足道以此。

謂毛富陽云：「士人如張孝伯，真可謂恬於進取者。」因說張孝伯好，曰：「愿人也，然終無使他處。若據此人天資，直是美，惜其少學耳。」問：「孝伯，樂正子之流否？」曰：「非也，彼已無進爲撫世之意。若樂正子將爲政於魯，孟子聞之，爲之喜而不寐。孟子不徒喜也，蓋望其能有爲也。如孝伯，恐不足以當人望，只是一箇愿愨可尚耳。」問：「愿與善人，如此其異乎？」

曰：「善人為邦百年，亦可以勝殘去殺，豈愿者之事？」因又問九德，曰：「愿而恭。蓋愿必濟以恭，然後能成德也。」「然愿者自應恭謹，何謂相濟？」曰：「愿者自為之人耳。如孟子所謂責難於君，愿做不得，責難於君，愿特貌恭而已。」

謂與季常言：「王氏只是以政刑治天下，道之以德、齊之以禮之事全無。」他日，季常曰：「細思之，實如公言。但道以德、齊以禮之事，於今如何做？」曰：「須有會做。只為而今不用着此等人。若是他依本分會底，必有道理。」

君子陽陽之詩序以謂「閔周」。蓋言君子至於相招為祿仕，全身遠害，於周不足刺也，可閔而已。夫賢人才士，苟以得祿養父母、活妻孥為事，而無致君行道之心，誰與為治？此所以亂益亂也，尚足刺乎？

〈二南〉為王道之基本，只為正家而天下定故也。

問：「共姜之父母不知夫婦之義，不當責邪？」曰：「以共姜之自誓不嫁為守義，則彼欲奪

而嫁之者，爲不義可知。取此則去彼矣。」

作文字要只説目前話，令自然分明，不驚恐人不能得，然後知孟子所謂言近，非聖賢不能也。

問：「父子之間不責善，固是。至於不教子，不亦過乎？」曰：「不教，不親教也。雖不責善，豈不欲其爲善？然必親教之，其勢必至於責善，故孔子所以遠其子也。」曰：「使之學詩、學禮，非教乎？」曰：「此亦非强教之也。如學詩、學禮，必欲其學有所至，則非孔子所以待其子，故告之。學則不可不告。及其不學，亦無如之何。」

因論特旨，曰：「此非先王之道，先王只是好生，故書曰：『好生之德，洽于民心。』爲天子，豈應以殺人爲己任？孟子曰：『國人皆曰可殺，然後殺之，曰國人殺之也。』謂國人殺之，則殺之者非一人之私意，不得已也。古者司寇以獄之成告于王，王命三公參聽之。三公以獄之成告于王，王三宥，然後致刑。夫宥之者，天子之德；而刑之者，有司之公。天子以好生爲德，有司以執法爲公，則刑不濫矣。若罪不當刑，而天子必刑之，寧免於濫乎？然此事其漸有因，非獨人主之過。使法官得其人，則此弊可去矣。舜爲天子，若瞽瞍殺人，皋陶得而執之，舜猶不能禁也。

且法者，天下之公，豈宜徇一人之意？嘗怪張釋之論渭橋犯蹕事宜罰金。文帝怒，釋之對曰：「法者，天子所與天下公共也。今法如是，更重之，是法不信於民也。」此說甚好。然而曰：「方其時，上使人誅之則已。」以謂爲後世人主開殺人之端者，必此言也。夫法既曰『天子與天下公共』，則得罪者，天子必付之有司，安得擅殺？使當時可使人誅之，今雖下廷尉，越法而誅之，亦可也。」

因論爲政，曰：「《書》云『毋忿疾于頑』，若忿疾于頑，便失之嚴。嚴便非居上之道。」

問：「有人問正叔：『周公欲以身代武王之死，其知命乎？』正叔曰：『只是要代兄死，豈更問命？』此語如何？」曰：「是也。」曰：「聖人不應不知天理。天理既不然而必行之，其誠不幾於無物否？」曰：「聖人固知天理，然只爲情切，猶於此僥倖萬一也。故至誠爲之。」又曰：「《金縢》之事有之，然其間亦有言語可疑，如云『元孫不若旦多才多藝』。聖人似不應如此說。」

因言：「正叔云：『人言沛公用張良，沛公豈能用張良？張良用沛公耳。』良之從沛公，以爲韓報秦也。既滅秦，於是置沛公關中，辭歸韓。而已見沛公有可以取天下之勢，故又從之。已取天下，便欲棄人間事從赤松遊。良不爲高祖之臣可見矣。』此論甚好，以前無人及此。」曰：

「此論亦未盡。張良蓋終始爲韓者。方沛公爲漢王之國，遣良歸韓。良因説沛公燒絶棧道，此

豈復有事漢之意？及良歸至韓，聞項羽以良從漢王故，不遣韓王成之國，與俱東，至彭城殺之。

先是良説項梁以韓諸公子橫陽君成可立，梁遂使良求韓成立爲韓王，良爲韓司徒。良以成見殺

之故，於是又間行歸漢，其意蓋欲爲韓報項羽也。至漢，高祖用其謀。已破項羽，平定天下，從

高祖西都關中，於是始有導引辟穀從赤松子之語〔三〕，蓋爲韓報仇之心於是方已故也。據良先

説高祖絶棧道，然後歸韓，此亦似有意。使韓王成若在，良輔之，并天下未可知。良意以謂可與

之平天下者獨高祖。高祖既阻蜀不出，其他不足慮矣。不幸韓王成爲項羽所殺，故無以自資，

而卒歸漢也。如高祖，亦自用張良，不盡良之術亦不止，於此須更有事在。其臣高祖，非其心

也，不得已耳。」

因言：「曾與季常論鑄鼎云：鼎之爲説，左傳曾道來，後之人得以藉口者以此爾。然使如

丘明之説不誣，亦不過象物之形，百物而爲之備，使民知神姦而已。後之人主用方士厭勝祈禳

之法，此何所據？丘明云：『成王定鼎于郟鄏，卜世卜年，天所命也』。然而洛誥周公所作，當時

所爲無不載者。若鼎之爲物，乃社稷重器，當載而莫之載者，何也？鼎鑄于夏時，夏之法制莫詳

於禹貢之書，豈有九牧貢金，成此重器，欲以恊上下，承天休，而禹貢曾無一語及之乎？易六十

四卦，其在鼎也取象爲備。如丘明之説，略無毫髮相類，而況於後之紛紛者乎？故凡事無徵者，

皆不可爲也。後世如曹參，可謂能克己者，攻堅陷敵是其所長。至其治國爲天下，乃以清静無

爲爲事，氣質都變了。」〔四〕

因論寒士乍得官，非不曉事，便是妄作。大抵科舉取人不得，間有得者，自是豪傑之士，因

科舉以進耳。問：「李德裕言：『公卿大夫家子弟可用，進士未必可用。』此論不偏否？」曰：

「德裕爲此論，至今人以爲偏。當時人以德裕用資蔭進身，不由科舉，故爲此論，此最無謂。以

德裕之才，應唐之科目極容易，自是不爲耳。且資蔭得官與進士得官，孰爲優劣？以進士爲勝、

以資蔭爲慊者，此自後世流俗之論。至使人恥受其父祖之澤而甘心工無益之習，以與孤寒之士

角勝於場屋〔五〕，僥倖一第以爲榮，是何見識？夫應舉亦自寒士無禄，不得已藉此進身耳。如得

已，何用應舉？范堯夫最有見識，然亦以資蔭與進士分優劣，建言於有無出身人銜位上帶『左』、

『右』字，不可謂無所蔽也。其言曰：『欲使公卿家子弟讀書耳。』此意甚善。但以應舉得官者爲

讀書而加獎勸，焉可也？彼讀書者，應舉得官而止耳，豈真學道之人〔六〕？至如韓持國自是經國

之才，用爲執政亦了得，不可以無出身便廢其執政之才。」曰：「堯夫所異者，莫非此等人否？」

曰：「執政不是合下便做，亦自小官以次遷之。如後來吳坦求等，在紹聖中被駁了博士，以無出

身故也。彼自布衣中，朝廷以其有學行，賜之爵命。至其宜爲博士，乃復以爲無出身奪之，此何理也？資蔭、進士中俱有人。惟其人用之加一『右』字，亦自沮人爲善。」

朝廷作事，若要上下小大同心同德，須是道理明。蓋天下只是一理，故其所爲必同。若用智謀，則人人出其私意，私意萬人萬樣，安得同？因舉舊記正叔先生之語云：「公則一，私則萬殊。人心不同猶面，其蔽於私乎？」

自孟子沒，王道不傳，故世無王佐之才。既無王佐之才，故其治效終不如古。若要行道，才說計較要行便不是，何故？自家先負一個『不誠』了，安得事成？劉向多少忠於漢，只爲做計較太甚，才被看破，手足俱露，是甚模樣。

言季常嘗問揚雄來，應之曰：「不知聖人，何足道！」季常駭之。淵因語：「後世學道不明爾，被流俗之蔽。只如他取揚雄，亦未能免流俗也。卓乎天下之習不能蔽也，程正叔一人而已。觀正叔所言，未嘗務脫流俗，只是一個是底道理，自然不墮流俗中。」先生曰：「然。觀其論婦人不再適人，以謂寧餓死，若不是見得道理分明，如何敢說這樣話？」

南都所聞

薛宗博請諸職事會茶，曰：「禮豈出於人心？如此事本非意之所欲，但不得已耳。老子曰：『禮者，忠信之薄。』荀子曰：『禮起於聖人之偽。』真個是！」因問之曰：「所以召茶者何謂？」薛曰：「前後例如此。近日以事多，與此等稍疏闊，心中打不過，須一請之。」曰：「只為前後例合如此，心中自打不過，豈自外來？如云辭遜之心禮之端，亦只是心有所不安，故當辭遜。只此是禮，非偽為也。」

問：「《易》曰：『乾坤，其易之門耶。』所謂門，莫是學易自此入否？」曰：「不然。今人多如此說，故有喻易為屋室，謂其入必有其門，則乾、坤是也。為此言者，只為元不曉易。夫易與乾坤豈有二物？孰為內外？謂之乾、坤者，因其健順而命之名耳。乾坤即易，易即乾坤，故孔子曰：『乾坤毀則無以見易。』蓋無乾坤，則不見易，非易則無乾坤。謂乾坤為易之門者，陰陽之氣有動靜屈伸爾。一動一靜，或屈或伸，闔闢之象也。故孔子又曰：『闔戶謂之坤，闢戶謂之乾。』所謂門者如此。老子曰：『天地之間，其猶橐籥乎？』夫氣之闔闢往來，豈有窮哉？有闔有闢，變由

是生。　其變無常，非易而何？　小蔡云：『輕清者上爲天，神應之爲乾，重濁者下爲地，神應之爲坤。』似此解釋，夢也未夢見易。　大抵看易須先識他根本，然後有得。　夫易，求之吾身，斯可見矣，豈應外求？　張橫渠於〈正蒙〉中曾略説破，云：『乾坤之闔闢，出入息之象也。』非見得徹，言不能及此。　某舊曾作明道哀辭云：『通闔闢於一息耶，尸者其誰？』蓋言易之在我也。　人人有易，不知自求，只於文字上用功，要作何用？　此等語若非以見問，終説不到。　如某與定夫相會，亦未嘗及從可，某常疑定夫學易，亦恐出他荊公未得。　荊公於易只是理會文義，未必心通。　若非心通，縱説得分明徹了，不濟事。　易不比他經，須心通始得。　如龔深父説易，元無所見，可憐一生用功都無是處。』問：「乾坤即陰陽之氣否？」曰：「分明説乾陽物，坤陰物。」問：「乾坤，何也？」曰：「乾坤正言其健順爾。　識破本根，須是知體同名異，自然意義曉然。」又云：「天地即輕清重濁之氣升降否？」曰：「然。　天地、乾坤，亦是異名同體，其本一物，乾坤何辨？」問：「天尊地卑，乾坤定矣。」乾坤本無體，天地之位定則乾坤斯定，不有天地，乾坤何立？　故曰：『在天成象，在地成形』，亦此物也。　但因變化出來，故千態萬變，各自陳露。　故曰：『在天成象，在地成形』，變化見矣。』變化，神之所爲也。　其所以變化，孰從而見之？　因其成象於天，成形於地，然後變化可得而見焉。』因云：「舊常解此義云：『無象無形，則神之所爲隱矣；有象有形，變化於是乎著。』」因問：「乾坤毁，則無以見易。　如此，則易不屬無矣？」曰：「易固非無。」「張

横渠深闢老子有無之論，莫有見於此否？」曰：「然。才說無，便成斷滅去，如釋氏説『空』，又曰『非空』，到了費力。聖人只説易，最爲的當。」因言：「孟子論『養氣』，到此方見有功於前聖。」

曰：「如孟子者，方是能曉易。如説『必有事焉』，非見得分明，此説如何撰得？」又問正叔先生以『必有事焉而勿正』爲一句，某嘗疑『勿正心』似非聖賢語意。及見此，乃知正叔先生讀書有力。曰：「事説『勿正』則可，心説『勿正』則不可。正叔讀書直是不草草，他議論方是議論。伯思言正叔以『至大至剛以直養』爲一句，『養而無害』爲一句。或云：『伯淳曾言至大至剛之氣，須以直養。』正叔堅云：『先兄無此説。』若曰『以直養而無害』，莫不妨？」曰：「嫌於將一物養一物，不如『養而無害』較渾全。他門説話，須是與他思量體究，方見好處。」

問：「易有太極，莫便是道之所謂『中』否？」曰：「然。」「若是，則本無定位，當處即是太極耶？」曰：「然。」「兩儀、四象、八卦，如何自此生？」曰：「既有太極，便有上下，有上下，便有左右前後；有左右前後四方，便有四維。皆自然之理也。」

人君所以御其臣，只有一個名分不可易。名分既正，上下自定，雖有幼沖之主在上，而天下不亂。若以智籠臣下，智有時而困[七]，則彼不爲用矣，其勢須至於誅殛之然後已。觀西漢之君

臣多尚權謀,當時大臣少有能全身者,蓋以此。某舊作十論,曾有一篇及此。朝廷上做事,須先令學術粗明,然後可以爲。不然,人人說一般話,如何做得事?

人君如此,誰敢與他放脚手做事?

王章論王鳳,當時人君非不悟,但以力弱,被王鳳才理會起,便推從王章身上去,章終被禍。

正叔在經筵,潞公入劄子,要宰相以下聽講。講罷,諸公皆退。晦叔云:「可謂稱職。」堯夫云:「真侍講。」又一人云:「不知古人告其君還能如此否?」只爲諸公欽服他。他又多忤人,所以後來謗生。因説正叔經筵開陳,故及此。所論列有處記。

圓覺經言作、止、任、滅是四病。作即所謂助長,止即所謂不芸苗,任、滅即是無事。

解經大抵須得理會而語簡。舊嘗解「易簡而天下之理得」云:「行其所無事,不亦易乎?一以貫之,不亦簡乎?如是,則天下之理得矣。」又言:「行其所無事,一以貫之,只是一箇自然之理。繫辭中語言直有難理會處,今人注解只是亂説。」

問：「正叔云：『詩非聖人所作。當時所取，只以其止於禮義，至如比其君狡童、碩鼠則已甚。』其說如何？」曰：「此理舊疑來，因學春秋，遂知其意。春秋書突之奔及其歸，皆曰『鄭伯突』。其書忽，止曰『鄭忽』，蓋不以忽爲君故也。不以爲君，故詩人目之爲『狡童』。觀襄裳之詩云：『狂童恣行，國人思大國之正己。』其詩曰：『子惠思我，褰裳涉溱。』言人心已離，若大國見正，國人必從之矣。人之視忽如此，尚誰以爲君？若猶以爲君，則比之狡童，誠不可矣。」〈碩鼠如何？」曰：「魏之重斂，至使人欲適彼樂國，則人心之離亦可見矣。」又云：「人心合而從之則爲君，離而去之則爲獨夫。」

學者若不以敬爲事，便無用心處。致一之謂一，無適之謂一。

人言春秋難知，其實昭如日星。孔子於五經中言其理，於春秋著其行事。學者若得五經之理，春秋誠不難知。又云：「伯淳先生嘗有語云『看春秋，若經不通，則當求之傳；傳不通，則當求之經。』某曾問之云：『傳不通，則當求之經，何也？』曰：『只如左氏春秋書「君氏卒」，君氏乃惠公繼室聲子也。而公羊春秋則書曰「尹氏」，傳云「大夫也」。然聲子而書曰「君氏」，是何義？須當以尹氏爲正。』此所謂求之經。」

問：「乾坤用九六，荆公曰：『進君子，退小人，固非自然之理。』而正叔云：『觀河圖數可見。』何也？」曰：「此多有議論，少有分明。繫辭分明説云『參天兩地而倚數』，九參天，六兩地也。」

因言：「了翁説易，多以一字貫衆義，如何？」曰：「易卦用字有如此者，有不如此者。如云『習坎，重險也』，又言『天險』、『地險』、『王公設險』，則險爲善。暌，乖也。又言『天地暌而萬物通，男女暌而其志同』，則乖爲善。蓋一字兩用，字非此類則不可。如師，是師旅之師，豈可説爲師友之師？以來書云爾，故及之。」

形色，天性也。有物必有則也。物即是形色，即是天性。唯聖人然後可以踐形。踐，履也，體性故也。蓋形色必有所以爲形色者，是聖人之所履也。謂形色爲天性，亦猶所謂「色即是空」。

毗陵所聞　辛卯七月十一日自沙縣來至十月去

劉元承言：「相之無所不用其敬，嘗掛真武畫像於帳中，其不欺暗室可知。」曰：「何以言之？」曰：「果有真武，則敬而遠欺，則固可取。然以神像置帳中，亦可謂不智。」曰：「相之不自

之，乃所謂智。帳中臥之處，至褻之所也，何可置神像？」

君子喻於義，小人喻於利。所謂「喻於義」，則唯義而已，自義之外，非君子之所當務也，夫然後所守者約。如孟施舍知守氣，可謂約矣，所以不及曾子者，以曾子唯義之從故也。

或曰：「文王所謂至德，以不累於高名厚利故也。所謂不累於高名者，有其二而弗辭。」曰：「如是，則武王之取天下，以爲累於利而可乎？孟子之言曰：『取之而燕民悅，則取之。古之人有行之者，文王是也。』此論盡矣。蓋文王所謂至德者，三分天下有其二矣，以取天下，何難之有？而文王勿取者，視天而已，初無用心於其間也。夫是之謂至德。」

舜在側微，堯舉而試之。慎徽五典，則五典克從，納于百揆，則百揆時叙，賓于四門，則四門穆穆，以至以天下授之而不疑。觀其所施設，舜之所以爲舜，其才其德，可謂大矣，宜非深山之中所能久處。而爲舜者，當堯未之知，方且飯糗茹草，若將終身。若使今人有才氣者，雖不得時，其能自已其功名之心乎？以此見人必能不爲，然後能有爲也，非有爲之難，其不爲尤難矣。

只如伊尹耕於莘，非湯三聘則必不起。諸葛亮卧草廬，非先主三顧亦必不起。非要之也，義當然也。以諸葛之智尚知如此，又況不爲諸葛者乎？然則居畎畝之中，而以天下爲己憂可也。或不知消息盈虛之運，犯分妄作，豈正理哉？

舜可謂無爲。有天下，初無所與，其任九官、去四凶，視其功罪如何？舜無毫髮之私也。

劉向之所謂忠，可以爲戒。不幸似之，非所以全德。大抵人能住得，然後可以有爲。才智之士，非有學力，却住不得。

孟子言「大人正己而物正」，荆公却云：「正己而不期於正物，則無義；正己而必期於正物，則無命。」若如所論，孟子自當言正己以正物，不應言「正己而物正」矣。物正，物自正也。大人只知正己而已。若物之正，何可必乎？惟能正己，物自然正，此乃篤恭而天下平之意。荆公之學，本不知此。

張茂則，宦官之賢者也。元祐間曾請諸公啜茶觀畫，惟正叔不往，辭之曰：「某素不識畫，

亦不喜茶。」如正叔真箇不去得，他人到此，須容情與他去。

或問：「正叔先生云『邵堯夫易數至今無傳』，當時何不問他看如何？」先生曰：「若是公等須打不過，必問他。」

<字說>所謂「大同於物者，離人焉」。曰：「揚子言『和同天人之際，使之無間』，不知是同是不同？若以爲同，未嘗離人。又所謂『性覺真空者，離人焉。』若離人而之天，正所謂頑空通。揔老言經中說十識，第八庵摩羅識，唐言白淨無垢；第九阿賴耶識，唐言善惡種子。白淨無垢，即孟子之言性善是也。言性善，可謂探其本。言善惡混，乃是於善惡已萌處看。荆公蓋不知此。」

蕭山所聞　　壬辰五月又自沙縣來至八月去

橫渠言性未成則善惡混，疊疊而繼善者，斯爲善矣。惡盡去，則善因以亡，故舍曰善而曰成之者性。伯思疑此以問，公曰：「不知橫渠因何如此說。據此說，於易之文亦自不通。」却令伯

思説，伯思言：「善與性，皆當就人言。繼之爲説，如子繼父。『成』乃無所虧之名矣，若非人，即不能繼而成之。」曰：「不獨指人言，萬物得陰陽而生，皆可言繼之。善亦有多般。如乾之四德，有仁、義、禮、智之不同，後人以配四時。若如四時，則春固不可爲秋，冬固不可爲夏，其實皆善也。元者，特善之長也，固出於道，故曰繼之者善。性則具足圓成，本無虧欠，要成此道，除是性也。今或以萬物之性爲不足以成之，蓋不知萬物所以賦得。偏者自其氣稟之異，非性之偏也。」

<u>孔子</u>曰：『天地之性，人爲貴。』人之性特貴於萬物耳，何常與物是兩般性？」

<u>伊川</u>語録云：『以忠恕爲一貫，除是<u>曾子</u>説方可信，若他人説，則不可信。』如何？」曰：「<u>明道</u>説却不如此。」問<u>明道</u>説，曰：「『只某所著新義，以忠恕爲<u>曾子</u>所以告門人。』便是<u>明道</u>説。」問：「〈中庸〉發明忠恕之理，以有一貫之意，如何？」曰：「何以言之？」曰：「『物我兼體。』」曰：「只爲不是物我兼體，若物我兼體，則固一矣。此正<u>孟子</u>所謂『善推其所爲』者〔八〕，乃是參彼已爲言。若知<u>孔子</u>以『能近取譬爲仁之方』，不謂之仁，則知此意。」曰：「即已即物，可謂一否？」曰：「然。」

「<u>孟子</u>言<u>孔子</u>『集大成』」，曰：「『始條理者，智之事；終條理者，聖之事。』夫仁且智，斯之謂

聖。今以聖之事或不足於智，何也？」曰：「聖則具仁智矣。但此發明『中』處，乃智之事，聖則其所至也，未必皆『中』。」曰：「孟子曰『智之於賢者』，則智但可語賢者，若乃大而化之，則雖智而忘其智矣。如所謂『從容中道』、『縱心不逾矩』[九]，智何足以名之？」曰：「如伊尹、伯夷、柳下惠只於清、任、和處中，其他則未必皆中，則其智容有所不周。」

「智便是用處？」曰：「用智，莫非所以言聖人。若曰『行其所無事』，則由智行，非行智者也。」曰：「觀此，却是以智為妙？」曰：「聖人之於智，見無全牛，萬理洞開，即便是『從容』處，豈不謂之妙？若伯夷、伊尹、柳下惠於清、任、和處已至聖人，但其他處未必皆『中』。其『至』與孔子同，而其『中』與孔子異，只為不能無偏故也。若『隘與不恭』，其所偏歟？」

「充類至義之盡」，言不可以謂之盜也。「獵較猶可」，則取於民，猶禦者受其所賜，何為不可？

「柳下惠不以三公易其介」，此與聖人之和互相發耶？乃所以為和耶？」曰：「若觀其和，疑若不介，故此特言之。」曰：「何以知其介？」曰：「只不卑小官之意，便自可見。如柳下惠之才，以為大官，何所不可？而樂於為小官，則其剛介可知矣。」

「『中心安仁者，天下一人而已。』如伯淳，莫將做天下一人看。」曰：「固是。」

東坡言「直方大」云：「既直且方，非大而何？」曰：「直方蓋所以爲大，然其辭却似不達。

孔子云：『敬義立而德不孤。』德不孤乃所謂大，德不孤則四海之内皆兄弟之意。夫能使四海之内皆兄弟，此所以爲大也。」

東坡云：「萬物覩，乃是萬物欲見之。」言欲見之，便非。「聖人作而萬物覩」，如日在天，萬物便見。聖人惟恐不作，作則即時覩矣。作與覩同時事也，啐啄同時。

乾之九三，獨言「君子」。蓋九三，人之位也。履正居中，在此一爻。故文言於九四則曰：「上不在天，下不在田，中不在人。」於九三止言：「上不在天，下不在田」而已。其曰「君子」，行此四德者，蓋乾之所謂「君子」也。曰：「所以爲君子者，乃行此德之人耳。」

上治，如所謂正己也。

讀書須看古人立意所發明者何事，不可只於言上理會。如萬章問「象日以殺舜爲事」，孟子答舜所以處之之道，其意在說聖人誠信無僞。此尤不可不知。若從枝葉上理會，只如象欲使二嫂治朕棲之語，此豈可信？堯在上，不容有此等人，若或有之，不知則已。然堯於舜既以女妻之，其弟如此，豈有不知？知則治之矣。

若使死可以救世，則雖死不足恤，然豈有殺賢人君子之人？君子能使天下治，以死救天下，乃君子分上事，不足怪，然亦須死得是。孟子曰：「可以死，可以無死，死傷勇。」如必要以死任事，爲能外死生，是乃以死生爲大事者也，未必能外生死。

鄭季常問：「孔子去魯，曰『遲遲吾行也』，去父母國之道也。然而『燔肉不至，不脫冕而行』，豈得爲遲遲？」曰：「孔子欲去之意蓋久，待燔肉不至而行，不欲爲苟去，乃所謂『遲遲』。若他國，則君不用便當去，豈待燔肉之不至然後行？」曰：「何以見其去他國之速？」曰：「衛靈公問陳，一語不契，明日遂行。」

孟子所言皆精粗兼備，其言甚近而妙義在焉。如龐居士云：「神通并妙用，運水與般

柴。」此自得者之言，最爲達理。若孟子之言，則無適不然，如許大堯、舜之道，只於行止疾徐之間教人做了。

〔校勘記〕

〔一〕其可名爲受之而施之僧寺乎：「爲」原作「而」，據鳴道集本改。

〔二〕惟德其物：「惟」原作「雖」，據鳴道集本改。

〔三〕於是始有導引辟穀從赤松子之語：「始」，原作「如」，據鳴道集本改。

〔四〕後世如曹參：鳴道集本自「後」字起另爲一條。

〔五〕以與孤寒之士角勝於場屋：「勝」原作「務」，據鳴道集本改。

〔六〕豈真學道之人：「真」原作「直」，據鳴道集本改。

〔七〕智有時而困：「而」鳴道集本作「乎」。

〔八〕善推其所爲：「所」下原衍「以」字，據鳴道集本刪。按：孟子梁惠王上：「善推其所爲而已矣。」

〔九〕縱心不逾矩：「縱」論語爲政作「從」。

後録上

楊時於新學極精，今日一有所問，能盡知其短而持之。_{見程氏遺書}時讀了數篇，其後盡能推類以通之。

介甫之學，大抵支離。伯淳嘗與楊時讀了數篇，其後盡能推類以通之。_{見程氏遺書}

伊川答楊中立論西銘，中立書尾云「判然無疑」，伊川曰：「楊時也未判然。」_{見祁寬所記尹公語}

舊在二先生之門者，伯淳最愛中立，正叔最愛定夫，二人氣象亦相似。_{見上蔡語錄〔一〕}

後錄下

宋興百有餘年，四方無虞，風俗敦厚，民不識干戈，有儒生於江南高談詩書，自擬伊傅而實竊佛老之似，濟非軼之術。舉世風動，雖巨德故老有莫能燭其姦。其說一行而天下始紛紛多事，反理之評，詭道之論，日以益熾。邪慝相承，卒兆裔夷之禍。考其所致，有自來矣。靖康初，龜山楊公任諫議大夫、國子祭酒，始推本論奏其學術之謬，請追奪王爵，罷去配饗。雖當時餘黨猶夥，公之說未得盡施，然大統中興論議一正，到于今，學者知荊舒禍本而有不屑焉。則公之息邪說，距詖行，放淫辭，以承孟氏者，其功顧不大哉？是宜列之學宮，使韋布之士知所尊仰，而況公舊所臨，流風善政之及祀事，其可闕乎？瀏陽實潭之屬邑，紹聖初，公嘗辱焉爲之宰。歲饑，發廩以賑民，而部使者以催科不給罪公，公之德於邑民也深矣。後六十有六年，建安章才邵來爲政，慨然念風烈，咨故老，葺公舊所爲飛鴻閣，繪像於其上，以示後學，以慰邑人之思，去而不忘也。又六年，貽書俾熹記之。熹生晚識陋，何足以窺公之蘊？惟公師事河南二程先生得中庸「鳶飛魚躍」之傳，於言意之表踐履純固，卓然爲一世儒宗，故見於行事深切著明如此，敢表而出

之，庶幾慕用之萬一云爾。^{〔一〕}

《飛鴻閣畫像記》^{〔一〕}

龜山天資高，朴實簡易；然所見一定，更不須窮究。某嘗謂這般人皆是天資出人，非假學力。如龜山極是簡易，衣服也只據見定。終日坐在門限上，人犯之亦不校，其簡易率皆如此。

喜怒哀樂未發，龜山「敬而無失」之説甚好^{〔二〕}。

問：「龜山云：『消息盈虛，天且不能暴爲之，去小人亦不可驟。』如何？」曰：「只看時如何，不可執。天亦有迅雷風烈之時。」

又言龜山先生年少未見伊川時，先去看莊列等文字。後來雖見伊川，然而此念熟了，不覺時發出來。游定夫尤甚，羅仲素時復亦有此意。

龜山往來太學，過廬山，見常揔，揔亦南劍人也。與龜山論性，謂本然之善，不與惡對。後胡文定得其説於龜山，至今諸胡謂本然之善不與惡對，與惡爲對者又有一善。常揔之言，初未

為失。若論本然之性，只一味是善，安得惡來？人自去壞了，便是惡。既有惡，便與善為對，今他却説有不與惡對底善，又有與惡對底善。如近年郭子和九圖，便是如此見識，上面書一圈子，寫『性善』字，從此牽下兩邊，有善有惡。或云：「恐文定當來未甚有差，後來傳襲，節次訛舛。」

曰：「看他説『善者贊美之詞，不與惡對』，已自差異。」

理不外物，若以物便為道，則不可。如龜山云：「寒衣饑食，出作入息，無非道。『伊尹耕於有莘之野，以樂堯舜之道。』夫堯舜之道，豈有物可玩哉？即『耕於有莘之野』是已。」恁地説，却有病。物只是物，所以為物之理，乃道也。

龜山言：「天命之謂性，人欲非性也。」天命之善，本是無人欲，不必如此立説。胡子知言

云：「天理人欲，同體而異用，同行而異情。」自是他全錯看了。

問：「橫浦語録載張子韶戒殺，不食蠏。高抑崇相對，故食之。抑崇退，龜山問子韶：『周公何如？』對曰：『仁人。』曰：『周公驅猛獸，兼夷狄，滅國者五十，何嘗不殺？亦去不仁以行其仁耳。』先生云：「此特見其非不殺耳，猶有未盡。須知上

古聖人制爲罔罟佃漁，食禽獸之肉。但『君子遠庖厨』不暴殄天物。須如此説，方切事情。」

草堂先生及識元城劉器之、楊龜山。龜山之出，時已七十歲，却是從蔡攸薦出。初緣蔡攸與蔡子應説，令其薦舉人才，答云：「太師用人甚廣，又要討甚麽人？」曰：「緣都是勢利之徒，恐緩急不可用。公知有山林之人，可見告。」他便説：「某只知鄉人鼓山下張觷，字柔直，其人甚好。」蔡攸曰：「家間子姪未有人教，可屈他來否？」此人即以告張，張即從之。及教其子姪，儼然正師弟子之分，異於前人。得一日，忽開諭其子弟以奔走之事，其子弟駭愕，即告之曰：「若有賊來，先及汝等，汝等能走乎？」子弟益驚駭，謂先生失心，以告老蔡。老蔡因悟曰：「不然，他説得是。」蓋京父子此時要唤許多好人出，已知事變必至，即請張公叩之。張言：「天下事勢至此，已不可救，只得且收舉個賢人出〔三〕，以爲緩急倚仗耳。」即令張公薦人。張公於是薦許多人，龜山在一人之數。

今《龜山墓誌》云「會有告大臣以天下將變，宜急舉賢以存國，於是公出。」謂此。張後爲某州縣丞，到任即知虜人入寇，必有自海道至者，於是買木爲造舡之備。逾時果然，虜自海入寇，科州縣造舟，倉卒擾擾，油灰木材莫不踴貴。獨張公素備，不勞而辦。以此見知於帥憲，即辟知南劍。會葉鐵入寇，民人大恐，他即告諭安存之，即率城中諸富家，令出錢米，沽酒、買肉，爲蒸糊之類。

遂分民兵三替，逐替燕犒酒食，授以兵器。先一替出城與賊接戰，即犒第二替出。先替未倦，而後替即得助之。民大喜，遂射殺賊首。富民中有識葉鐵者，即厚潑之，勿令執兵〔四〕，只令執長鎗〔五〕，上懸白旗，令見葉鐵，即以白旗指向之。衆人上了弩，即其所指而發，遂中之。後都統任某欲爭功，亦讓與之，其餘諸盜，却得都統之力，放賊之叔父以成反間。

論及龜山先生曰：「龜山彈蔡京也是，只不迅速。」林擇之曰：「龜山晚出一節，亦不是。」先生曰：「也不干晚出事。若出來做得事，也無妨。他性慢，看道理也如此。平常處看得好，緊要處却放緩了，做事都渙散無倫理。將樂人性急麄率，龜山却恁寬平，此是間氣〔六〕，然其麄率處，依舊有土風在。」

或問：「龜山晚年出處不可曉，其召也以蔡京，然在朝亦無大建明。」曰：「以今觀之，則可以追咎當時無大建明。若自家處之，不知當時所當建明者何事？」或云：「不過擇將相爲急。」曰：「也只好說不知當時事勢如何，擇將相固是急，然不知當時有甚人可做。當時將只說种師道，相只說李伯紀，然固皆嘗用之矣。又況自家言之，彼亦未便見聽。據當時勢亦無可爲者，不知有大聖賢又如何耳。」

龜山先生語錄

一〇四

問：「龜山晚年出得是否？」曰：「出如何不是？只看出得如何。當初若能有所建明而出，則勝於不出。」曰：「渠用蔡攸薦，亦未是。」曰：「亦不妨。但當時事急，且要速得一好人出來救之，只是出得來不濟事耳。觀渠爲諫官，將去，猶惓惓於一對，已而不得對。及觀其所言，第一正心、誠意，意欲上推誠待宰執，第二理會東南綱運。當時宰執皆庸繆之流，待亦不可，不待亦不可。不告以窮理，而告以正心、誠意。賊在城外，道途正梗，縱有東南綱運，安能達？所謂『雖有粟，安得而食諸』！當危急之時，人所屬望，而著數乃如此！所以使世上一等人笑儒者以爲不足用，正坐此耳。」

問：「圍城時李伯紀如何？」曰：「當時不使他，更誰使？士氣至此，蕭索無餘，他人皆不肯向前，惟有渠尚不顧死且得倚仗之。」問：「姚平仲劫寨事，是誰發？」曰：「人皆歸罪伯紀，此乃是平仲之謀。姚种皆西方將家，師道已立功，平仲恥之，故欲以奇功取勝之。劫不勝，欽廟親批，令伯紀策應。或云當時若再劫，可勝，但無人敢主張。」問：「种師中河東之死，或者亦歸罪伯紀。」曰：「不然。嘗親見一將官說師中之敗，乃是爲流矢所中，非戰敗，渠親見之，甚可怪。伯紀管御營，欽廟授以空名告身，自觀察使以下使之自補，師道只用一二小使臣誥。御批云：『大臣作福作威，漸不可長。』及遣救河東，伯如种師道方爲樞密，朝廷倚重，遽死，此亦是氣數。

紀度勢不可，辭不行，御批云：『身爲大臣，遷延避事。』是時許崧老爲右丞，與伯紀善，書『杜郵』二字與之，伯紀悟，遂行。當危急時，反爲姦臣所使，豈能做事？」問：「种師道果可依仗否？」曰：「師道爲人口訥，語言不能出，上問和親，曰：『臣執干戈以衛社稷，不知其他。』遂去，不能反覆力執。大抵是時在上者無定説，朝變夕改，縱有好人，亦做不得事。」

道夫問：「龜山晚歳一出，爲士詬罵，果有之否？」曰：「他當時一出，追奪荊公王爵，罷配饗夫子，且欲毀劈三經板。士子不樂，遂相與聚問〈三經有何不可，輒欲毀之？〉當時龜山亦謹避之。」

問：「或者疑龜山此出爲無補於事，徒爾紛紛。或以爲大賢出處不可以此議，如何？」曰：「龜山此行固是有病，但只後人又何曾夢到他地位在。惟胡文定以柳下惠『援而止之而止』比之極好。」

龜山之出，人多議之。惟胡文定公之言曰：「當時若能聽用，決須救得一半。」此語最公。

蓋龜山當此時雖負重名，亦無殺活手段。若謂其懷蔡氏汲引之恩，力庇其子，至有「謹勿擊居安」之語則誣矣。幸而此言出於孫覿，人自不信。

坐客問龜山先生立朝事，先生曰：「胡文定論得好：『朝廷若委吳元忠輩推行其説，決須救

得一半，不至如後來狼狽。」然當時國勢已如此，虜初退後，便須急急理會，如救焚拯溺。諸公今

日論蔡京，明日論王黼，當時姦黨各已行遣了，只管理會不休，擔閣了日子。如吳元忠、李伯紀

向來亦是蔡京引用，免不得略遮庇，只管喫議論，龜山亦被孫覿輩窘擾。」

龜山銘誌不載高麗事。他引歐公作梅聖俞墓誌不載希文詩事[七]，辨得甚好。「孰能識車

中之狀，意欲施事？」見韓詩外傳。

伯夷微似老子。　胡文定作龜山先生墓誌，主張龜山似柳下惠，看來是如此。

龜山與廖尚書說義利事，廖云：「義利却是天理人欲。」龜山曰：「只怕賢錯認，以利爲義

也。」後來被召，主和議，果如龜山說。　廖初舉鄭厚與某人，可見其賢此二人。二人皆要上恐脫

「不」字。主和議。及廖被召，却不問此二人，却去葉孝先商量。及爲中丞，又薦鄭轂，然廖終與

秦不合而出。但初不能義利之分，亦是平時講之不熟也。　鄭博士，某舊見之，年七十餘，云嘗見

上蔡先生，先人甚敬之。

因説胡程德輝所著文字〔八〕。問：「德輝何如人？」曰：「先友也，晉陵人，曾從龜山游，故所記多龜山説話。能詩文，墨隸皆精好。嘗見先人館中唱和一卷，惟胡詩特佳。趙忠簡公當國，與張巘巨山同爲史官。及趙公去位，張魏公獨相，以爲元祐未必全是，熙豐未必全非，遂擇何掄仲、李似表二人爲史官。胡張所修史，皆標出，欲改之。胡張遂求去，及忠簡再入相，遂去何李，依舊用胡張爲史官，成書奏上，弄得都成私意。」

龜山雜博，是讀多少文字。

［校勘記］

〔一〕飛鴻閣畫像記實爲張栻所作，載其文集南軒集中。且在此段中，「貽書俾熹記之」「熹生晚識陋」原作「貽書俾某記之」「某生晚識陋」，而刻者却將張栻之自稱「某」字擅改爲「熹」字，蓋有意作僞。

〔二〕此段中「龜山」三字誤。二程遺書（中華書局點校本）卷二上有：「敬而無失，便是喜怒哀樂未發之謂中也。」且朱子語類（中華書局點校本）卷六二：「喜怒哀樂未發，程子『敬而無失』之説甚好。」因此，此段中當是刻者將「程子」二字擅改爲「龜山」。

〔三〕只得且收舉個賢人出：原「只」上有「勢」字，朱子語類卷一〇一程子門人無「勢」字，據此删。

〔四〕勿令執兵：「勿」原作「忽」，據朱子語類卷一〇一改。

〔五〕只令執長槍：「令」原作「今」，據朱子語類卷一〇一改。

〔六〕此是間氣：「氣」原作「出」，據朱子語類卷一〇一改。

〔七〕他引歐公作梅聖俞墓誌不載希文詩事：「希」原作「布」，據朱子語類卷一〇一改。按：希文爲范仲淹字。

〔八〕因說胡理德輝所著文字：「因」原作「國」，據朱子語類卷一二〇改。

附録一

佚文七則

夏四月丙子，衛侯元卒。滕子來朝。晉趙鞅帥師納衛世子蒯聵于戚。

楊時語録：或問：「夫子爲衛君，子貢自以意對可也，何必更以夷齊爲問？」曰：「向嘗解此一段，亦未盡，蒯聵得罪先君而輒乃先君之命，此其可疑，又與夷齊事頗相類，故以問也。當是時，蒯以父争，輒便合避位，國人擇宗室之賢者立之乃善。」又問：「伯夷不得罪於先君何？」曰：「伯夷不得罪於先君。」又問：「子路事孔悝，死得是否？」曰：「亦是。」「若使孔子爲之，則如之何？」曰：「它當自有處也。」又問：「方蒯争之時，勸輒避位不從，則去之如何？」曰：「可」「子路先亦勸孔悝不可與其事，只是失之太遲。若使子貢問衛君，孔子必不答居是邦，不非其大夫，況君乎？」蒯、輒事，史記兩處出當以衛世家爲正。」（春秋集義卷四九引楊時語録）

隋文方用奸邪，廢嫡立庶，父子相魚肉。王通乃诣阙獻太平十二策，不幾於時求進乎，其不

用也宜哉！（《永樂大典卷六八三八引楊龜山語錄》）

先生曰：「明道嘗言：『學者不可以不看詩，看詩便使人長一格價。』」

明道在穎昌，先生尋醫，調官京師，因往穎昌從學。明道甚喜，每言曰：「楊君最會得容易。」及歸，送之出門，謂坐客曰：「吾道南矣。」先是建安林志寧出入潞公門下求教，潞公云：「某此中無相益，有二程先生者可往從之。」因使人送明道處。志寧乃語定夫及先生，先生謂不可不一見也，於是同行。時謝顯道亦在，謝爲人誠實，但聰悟不及先生，故明道每言「楊君聰明」，謝君「如水投石」。然亦未嘗不稱其善。伊川自涪歸，見學者雕落，多從佛學，獨先生與謝丈不變，因歎曰：「學者皆流於夷狄矣！唯有楊、謝二君長進。」

伊川二十四五時，呂原明首師事之。（上三條皆爲《二程外書卷一二傳聞雜記引龜山語錄》）①

① 顧宏義先生「吾道南矣」說的文獻學考察一文中已指出此三條內容不見於今傳世本龜山先生語錄。

扶溝地卑，歲有水旱，明道先生經畫溝洫之法以治之，未及興工而先生去官。先生曰：「以
扶溝之地，盡爲溝洫，必數年乃成。吾爲經畫十里之間，以開其端，後之人知其利，必有繼之者
矣。夫爲令之職，必使境內之民，凶年饑歲免於死亡，飽食逸居有禮義之訓，然後爲盡。故吾於
扶溝興設學校，聚邑人子弟教之，亦幾成而廢。夫百里之施至狹也，而道之興廢繫焉，是數事
者，皆未及成，豈不有命與？然知而不爲，而責命之興廢，則非矣。此吾所以不敢不盡心也。」
（二程外書卷一二傳聞雜記引庭闈稿錄）

伊川先生居經筵，建言今之經筵實古保傅之任，欲使內臣十人供侍左右，儻人君出一言、舉
一事、食一果實必使經筵知之。有剪桐之戲，則隨事箴規，違養生之方，則應時諫止。呂申公
曰：主少，非可爲之時也。伊川曰：正可爲也，責不在人主，而人臣當任之耳。（伊洛淵源錄卷四
引庭闈稿錄）

附錄二

黃氏日鈔載龜山先生語錄

學以聖人爲師，猶學射而立的。○爲仁必自孝悌推之。○六經不言無心。

管仲之功，子路未必能之。然子路範我馳驅者也，管仲詭遇耳。

愚按此論甚正。

按：

莊子逍遙遊一篇，子思所謂無入不自得。養生主一篇，孟子所謂行其所無事。

莊子寓言蕩空世事，與曾孟正相反，不知龜山何見言此。

古人寧道不行，不輕去就。○苟害於義，一介與萬鍾皆不可。○諸葛亮、李靖之兵不

務僥倖。○陸宣公當擾攘之際，說君未嘗用數。○馬周言事，每開人主一線路，終不如魏徵

之正。

右皆正論，可振流俗。

常平法：寺舍歲用有餘，以歸官賑民。

按：此法可救民命之萬一，今士大夫不惟不能行，反務黨僧寺以奪民產。

先生不敢解經，曰：「有勸正叔出易傳者，正叔曰：『獨不望某之進乎？』」

按：此說則近世紛紛解經者可戒矣。

試教授宏詞科，是以文字自售。既得官矣，又倖求榮進。

按：此可警流俗。

象殺舜事，是萬章所傳之謬。據書，但云象傲而已。○太公進退隱顯，各得其當。○黃叔度學充其德，雖顏子可至。

按：此皆審理，不以經史為輕重。

聰明憲天，任理而已。揣知情狀，失君之道，謂之不聰明可也。

按：此論人主可以深省。

謝安折屐，安知非偶然乎？○人當無利心，以此自為可也，以此責人，恐不勝責。○君子以天地為量。

按：此皆厚德之語。

維摩經云：「直心是道場。」儒、佛至此，實無二理。

按：龜山以伊川為師，學孔子者也。其說如此，何哉？然世之不為龜山者寡矣。

〈論語〉言仁處皆仁之方，孟子言「仁，人心也」最親切。

按：此提掇最得要。

豐尚書稷言雪竇教人惜福，云：「人無壽夭，祿盡則止。」元厚之一飯，亦先減而後食，壽逾

七十，以爲雪竇之言之驗。龜山曰：「此猶以利言也。」

按：龜山之言善矣。然人以氣之聚散爲死生修短，有數已一定於此氣稟賦之初，非奉養之厚薄

能爲伸縮。而所養之厚薄亦自有定分，人不過順受其正。但奉養菲薄自是有德之事，豈緣是而

身可久存乎？元厚之減飯，壽亦不過七十，世享期頤之壽者，未聞皆因減飯而致。然則豐尚書

不惟不當言利，初亦無利之可言，特信異端致泥耳。

〈易難解〉，聖人嘗釋其義，即解〈易〉之法。

按：〈易〉即是解矣。伊川附以義理，晦庵原其本始，〈易〉大彰明矣。今之解〈易〉者滿天下，是皆未知

先主所謂難者耳。

堯夫言畫前有〈易〉，龜山以十三卦爲證，言此時十三卦未畫也。

按：〈繫辭〉作於十三卦已具之後，所云蓋取諸乾、坤云者，殆謂其義合於此耳。蓋者非定辭也。

堯舜雖聖，豈能未有此卦，而預指定名以取象之乎？且堯舜之時，八卦已畫，亦不可言畫前之

易。而十三卦乃演卦，非畫卦也。畫前有易，堯夫不過言此理素具耳，何以證焉。

魯桓公六年生，莊公十八年始書夫人姜氏如齊，與詩序「人以爲齊侯之子」不合。

按：詩序乃後漢衛宏所作，不可據。縱當時魯有此言，亦因而指斥以譏之耳，豈真以爲齊侯之子哉？

今日學法，荆公之法。由今之道，雖賢者爲教官，亦不能善人心。

按：學法始於李定，荆公所任也。再增於蔡京，久而弊益甚。豈但不能善人心而已哉！

龜山嘗稱齊宣王自言好貨好色，故孟子言「足用爲善」。古人朴實不欺如此，後世飾僞耳。

宰我問三年之喪，此其所以爲宰我。

顏子「屢空」，聖人則一物不留於胸次。「億則屢中」，非至誠前知，故不取。

按：「一物不留」恐類禪學。「億則屢中」，孔子亦取其中，非不取也。至誠可以前知，其義又別孔子。亦必不盡以此律人。

易言利見利用，終不言所以利，故孔子罕言利。

按：利見、利用止言卦爻，宜如此耳，恐與「罕言利」之「利」不同。

右京師所聞

王氏修身，宜足化民，然卒不迫王文正、呂晦叔、司馬君實諸人者，以其無誠意也。○先王

經綸本之誠意。今鹿鳴、四牡諸詩皆在，若徒取而歌之，其有效乎？

按：論治如此，得其本矣。

平、勃兩人偬首以事呂后，其在平則或有謀，在勃騙之爲亂，亦固從之矣，此何可保？

按：龜山極守正，此論乃黜周勃之守正，容陳平之詭隨，恐亦一時偶然之言，否則録者誤耳。

章郇公中書坐處地陷，使人填之，還家亦不言。

按：此真有大臣器度。聞風者亦可亀勉，要在有定見。

權柄在手，不是使性氣處。何嘗見百姓不畏官人，但見官人多虐百姓耳。伯淳作縣，常於坐右書「視民如傷」四字，每曰：「常有愧於此。」觀其用心，應是不錯決撻了人。

按：此最爲士大夫從政之要。

中書偶倒用印，萊公勾吏人行遣。密院亦偶倒用印，王文正公不勾吏人，云不可學他不是。

按：此平心處事，一惟其理，不特善處同官窒嫌隙也。

東坡《影答形詩》云：「君如煙上火，火盡君乃別。」此說本佛夢幻之說。《九層臺銘》以「衆竅呼吸爲天」，此說本《莊周》地籟之說。

按：東坡才高而熟於《釋》老，遂成左右逢原。如《赤壁賦》「逝者如斯，而未嘗往也」，亦本於佛氏之言性。

居養安濟，厲良民而養游手。

按：近世真有此弊。士大夫好名者多爲之，往往流患，但名曰「惠政」，革之亦難。

按：此語極中時弊，故愚從政以來，惟有酌情而已。

今法太嚴密，如何行得。

有僧入僧堂中時弊，不言而出。或曰：「莫道不言，其聲如雷。」

按：龜山以此證知微之顯，却恐未然。近世徐霖以不語爲傳道，未必非此等語誤之。

蘇明允《權書衡論》，意欲掃蕩二虜，然後致太平。龜山謂用兵只見搔擾天下，何時息肩。○

秦少游進卷，欲以五路歲出一路擾夏人。龜山謂五路合攻，尚有不支，歲出一路，其可當之乎？

○神考問朱公掞欲再舉安南之師，公掞對「願陛下禽獸畜之」。

按：載此三事，言兵者可以觀矣。

荊公以賜金付蔣山寺，龜山謂其賤君之賜。

按：龜山事佛者也，其言猶君，此可謂公論矣。然亦豈惟賤君之賜而已哉？厚夷狄以禍中國。如兩浙田莊多歸僧寺，吾民無所謀衣食，又反爲其所殘。其禍始於吳越王，盛於張俊、楊沂中及韓蘄王，而增壯於嘉定之權相，未有清修士人而爲之者也。荊公士人，而亦爲之，豈不悲哉？雖然，彼方以爲善用其君之自古惟武夫多殺與權臣多私，自視慊然，妄意福田爲可免罪而爲之。

賜，本非有賤之之心也。但蔣山興，而王氏滅，福田其安在？世俗終不反思，此爲可憐耳。

授之官，使之事君長民治事，今十四五便學綴文覓官，豈嘗有意爲己之學？夫以不學之人，一旦

正叔云古者四十而仕，士大夫宜反求其所謂學。

按：此極中時病，故多凡下不足道。

作文字要只說目前說話，令自分明，孟子謂言近，非聖賢不能。

按：此亦切中時病，要以明理爲主。

天下之習不能蔽，程正叔一人而已，只一個是，自然不墮流俗。

按：此提要處，指示人極明切。

右餘杭所聞

《圓覺經》言作、止、任、滅是四病。作即所謂助長，止即所謂不芸苗，任、滅即是無事。

謂形色爲天性，亦猶所謂「色即是空」。

揔老言經中説十識，第八庵摩羅識，唐言白浄無垢；第九阿賴耶識，唐言善惡種子。白浄無垢，即孟子之言性善是也。

毗陵所聞

龐居士云：「神通並妙用，運水與般柴。」如許堯舜之道，只於行止疾徐之間教人做了。

蕭山所聞

按：附合至此，可怪可駭。人心一至陷溺，是非即成顛倒，前輩尚不能免，後學可不自懼乎！夫龜山本忠門之高第也。（黃氏日鈔卷四一讀本朝諸儒理學書龜山先生語錄）

附錄三

朱熹、汪應辰有關龜山語錄的議論

朱熹曾搜集到部分羅從彥所記龜山語錄，並於隆興元年四月將其寄予汪應辰。此後，朱、汪二人曾通過書信往來，針對語錄內容進行討論。但因其所引語錄，或與其評語雜出，或有所刪節改易，不可得見該語錄內容全貌。因此，特將二人來往書信附於下。

文定集卷一五與朱元晦書一

羅丈語錄得之，甚幸。尚有可疑者，謹具別紙。他日龜山集刻板，並以諸家語錄附之，不必送延平也。

羅丈語錄中有可疑者，「不居其聖」與「得無所得」、「形色天性」與「色即是空」恐難作一類語看，有「事君人者」一章，頃嘗問王丈信伯有次第否，王丈云前兩句有次第，後兩句難分。又問同是一章，若如此說，則語脈不貫穿。王丈云恐如信、善、美須有次第，至於大也、聖也、神也，豈可分優劣？正與「事君人者」一章相似。神廟時，富公嘗薦荆公爲翰林學士，韓魏公不聽。

按：神廟時，韓、富未嘗同朝也。〔韓魏公罷相，荆公乃召。荆公曰：「絳之相，非維意。」熙寧七年，韓子

據經所記，即驩兜之罪正坐此，堯典所記皆爲後事起本，反復詳考，即自見矣。「典刑」兩句絕類

下，以示傳疑，如何？

書解三段，不記錄答問之言，按行狀自有書解，恐即解中說也。共、兜事，三經義辨中亦云，

如所考證，蓋無疑矣。

龜山之語，或是未嘗深考，而所傳聞不能無誤。竊謂止以所考歲月注其

晦庵先生朱文公文集卷三〇答汪尚書

蒙垂諭語錄中可疑處，仰見高明擇理之精，不勝歎服。如韓、富未嘗同朝，王、韓拜相先後，

其應接也。若窮而不變，未知竟如何耳！

以十百，皆昔所無者。近年以來，方有事於征討、召募、調發、敷買、打造之類，符移日至，殆不勝

鍾世明所爲。寺院益以窮蹙，所立之額又不能如數矣。而朝廷發下養老軍員，揀汰使臣軍員，動

郡者，皆帥司自辦。又立定寺院納官之額，蓋不如此，則不能有餘以爲獻也。

可同年而語。自葉左丞作帥，盡以郡中財賦之餘獻諸朝。今爲歲額，而帥司諸色糜費，昔取之

之事，誠非獲已，令益寬，所入益微，然更當思所以救之。折張之政，固爲未遠。然今日事勢，豈

足以任之，故有典；典不足以治之，故有刑。此語如何？不屈於法度之威。此恐未足以言舜。荊公正如此說。煮海

喪志」之類。驩兜、共工事，驩兜薦共工事，偶見於堯典，崇山之放，恐未必爲薦共工也。道不

華再相。八年，荊公再相。謝爲人誠實，但聰悟不及先生。常見胡明仲說明道以上蔡太俊敏，常抑之，「玩物

王氏，殊不可曉。細推其端，即「道不可以在」之一語自莊子中來，所以尤覺不粹。以此知異學

決不可與聖學同年而語也明矣。

龜山答胡迪功問中一段，「老子五千言以自然爲宗，謂之不作可也」，熹亦疑此語。如論語

老彭之説，只以曾子問中言禮數段證之，即「述而不作，信而好古」皆可見。蓋老聃周之史官，掌

國之典籍，三皇五帝之書，故能述古事而信好之。如五千言，亦或古有是語而老子傳之，未可知

也。蓋列子所引黃帝書，即老子「谷神不死」章也，豈所謂三皇五帝之書？即龜山之意，卻似習

於見聞，不以莊老爲非者，深所未喻也。帝舜申之之説，亦嘗疑之。既而考其文，則此序乃三篇

功也。 申，重也。 帝舜因皋陶陳九德而禹俞之，因復申命禹曰：「來，禹，汝亦昌言。」而禹遂陳益

「皋陶矢厥謨」，即謂皋陶謨篇也。「禹成厥功」，即謂大禹謨篇也。

陳九功之事，故曰成厥

稷篇中之語，此一句序益稷篇也。以此讀之，文意甚明，不煩生意。今日不屈於法度之威，氣象

卻殊淺近，信乎其非所以言舜也。

謝、楊二先生事，頃見胡明仲家所記侯師聖之言，有曰：「明道先生謂謝子雖少魯，直是誠

篤，理會事有不透，其顙有泚。」此語卻與羅公所記暗合，恐與所謂「玩物喪志」者

有不相害。蓋世固有人聰明辨博而不敏於聞道者矣，惟其所趣不謬於道而志之不舍，是以卒有

所聞。而其所聞必皆力行深造之所得，所以光明卓越，直指本原。 始以〈語録〉、〈論語解〉之屬詳考，

即可知矣。如〈語解〉中論子路有聞一章，可見其用力處也。龜山卻是天質粹美，得之平易，觀其

立言亦可見。妄論僭越，良犯不韙，然欲取正有道，不敢自隱其固陋耳。乞賜鐫喻可否，幸甚

幸甚。

至於「不居其聖」等説，則又有所疑，亦不敢嘿。今龜山既云非謂謙而引此為比，則其意正合矣。

「其言則不居，其意則不讓」矣，亦此意也。形色即是天性，非離形色別有天性，故以「色即是空」

明之。龜山又於〈語解〉「屢空」處云：「大而化之，則形色，天性無二致也，無物不空矣」，亦此意也。

然恐此皆是借彼以明此，非實以為此之理即彼之説也。所示王丈云「天民」「大人」不可分，如

「大」、「聖」、「神」之不可優劣。熹竊意此等向上地位與學者今日立身處大故懸絕，故難遙度。

今且以諸先生之言求之，則聖、神固不可分。横渠曰：「聖不可知之謂神。」莊生謬妄，又謂有神人焉。伊川

曰：「神則聖而不可知，非聖人之上又有一等神人也。」大與聖則不可不分。伊川曰：「大而化之，已與理一也。」顏子大而未化，若化則達於孔子矣。横渠

未化者，如操尺度量物，用之尚不免差。已化者，已即尺度，尺度即己。〈易〉所謂窮神知化，乃養盛自致，非知力能强也。

曰：「大，可為也，化，不可為也，在熟之而已。」又曰：「大幾聖矣，化則位乎天德矣。」日：「大人未化，未

能有其大，化而後能有其大。」更以言語氣象揣度，則「達可行於天下

而後行之」語，正己而物正者，亦不得不異。且如伊尹曰：「吾豈若使是君為堯舜之君哉？使是

民為堯舜之民哉？豈若於吾身親見之哉？」又曰：「予將以斯道覺斯民也，非予覺而誰也？」此

可謂「達可行於天下而後行之」矣，其於舜之「恭己正南面而已矣」如何哉？似此恐未可謂不可

分也。但其分難見，如顏子之未達一間處，只是顏子自知耳。狂妄率爾，肆意及此，伏惟高明樂

與人爲善，必不罪而終教之，區區下情，不勝至望。

附録四

題跋著録

明 陸簡 龍皋文稿卷六

龜山先生語錄四卷并後録二卷，簡嘗於史館繙閲群集，手抄得之。先生首得二程之道而南，退修於常州者十有八年之久，其語言文字在四方無不當傳，而於吾州乃所當先也。時州人士若周氏兩兄弟、胡氏德輝、喻氏子才從先生游雅厚。先生中庸集解等書，又皆居常時所著，道德之懿，問難講究之精微，見知聞知，滲漉於人心者多矣。今卷中「毗陵所聞」止十餘言，亡逸者蓋不知幾。惜經德祐之變，文獻無能徵之，是可慨也。然有得斯文正傳歸焉，爲世儒宗若先生者，後方恨其立言之不廣耳。程叔子且謂其雜博好著述，每以多言害道爲戒。今之學者率相事於口耳，勦竊以徼一日之利，視先生踐履之實，不敢望其門墻，風教殊別，又豈獨於吾州？爲可念哉！龜山舊有書院，在州東里，人即其地，柳君宗疇取刻置學宮以傳。先生嘗取刻置學宮以傳。祠之久而廢。今雖有二祠，一創自民間，一與蘇文忠並列，皆非故迹，亦無祀享恒典，恐先生不

一二六

能一日妥靈於茲也。尚思買宅以延之之俗，併亦不可得矣。是編之行，或賴有誦習之餘，與其

嚮往之心者乎，亦不能無望於今之諸賢及良有司也。

清 陸心源 皕宋樓藏書志卷三九

龜山先生語錄四卷後錄二卷。元刊本。（上缺）乃得道學之君子，科目可少乎哉？先生嘗受

學於明道先生，及辭歸，明道送出門，語諸生曰：「吾道南矣。」其爲明道所重如此。先生平日著

書甚多，嘗以年譜求之，見其自少至老，無一念不在於斯文，如請追荊公王爵，罷配享夫子，闢新

經字說之非，且欲毀劈三經板，抑邪說，衛正道，厥功不在孟氏下。晚年一出，人猶不免有責備

之議，惟胡文定之言曰：「當時若能聽用，決須救得一半。」嗚呼！此公言也。老蔡以權奸誤國，

末年乃因張柔直收召先生。要是天欲開洛學於東南，故借柔直之口以發其機，老蔡非真知先生

者也。使京聽柔直之言者，天也。余子庭玉來長龜山，余昨日偶來。按年譜求先生所著之禮記、

列子解不可得，家傳僅有語錄。余深以不得盡見先生所著之文爲恨。又以先生語錄一書歸然

如魯靈光獨存爲喜。蓋嘗肅容莊誦，如飢得食，如渴得飲，太息而言曰：「寶屈産之乘不若寶此

書，寶垂棘之璧不若寶此書。」此書在穿壞間如桑麻穀粟之有餘味，與其私藏於家，不若公傳諸

世。次山教諭趙公嘉惠後學，心口相謀，慨然以爲己任，捐資繡梓，式廣其傳。博雅君子用心如

是，其超出流俗萬萬矣。時至大第三春正月圓日古番前進士樂軒王龍蛻序。

張元濟 四部叢刊續編本跋

龜山先生語録四卷，後録二卷。

右龜山先生語録卷末有「後學天台吳堅」，刊於福建漕治」二行行款，與張子語録同，蓋同時刊本也。

晁氏讀書附志著録卷四卷，無撰人名氏。陳氏解題則言延平陳淵幾叟、羅從彥仲素、建安胡大原伯逢所録楊時「中立語」也，及其子迴稿録共四卷，末卷為附録、墓誌、遺事，順昌廖德明子晦所集云云。今世行龜山集四十二卷中有語録四卷，文字與是本合，然無附録。且此稱後録所載皆他人論贊之語，無墓誌、遺事，與陳志所稱不同。又，二志所記語録卷數雖同，而其刊本不可得見，亦不知果同為一書否也。是本卷一第二葉後四行「記言正心尊德性」，全集本乃羼入「記言正行佛氏之言」八字；第九葉後二行「人亦不以為是」，全集本乃「易為但以二十葉前九十行「但以禽獸待之可也。以禽獸待之，如前所為是矣」三句，全集本乃全脱；第十八葉前四行前法待之可也」八字；卷二第五葉後六行「耳、餘之交」一節，全集本乃全脱；第十八葉「春秋正是聖人處置事處，他經言其理，此明其用」，全集本乃誤「他經」為「宜經」；第二十二葉後一行「機心一萌，鷗鳥舞而不下矣」，全集本乃誤「鷗鳥舞」為「驅鳥獸」；卷三第二十一葉後四五行「以氣不和而然也，然氣不和，非其常治之而使和，則反常矣」四句，全集本乃脱去「而然也至使其和」十六字，；卷四第十八葉前八行「只如左氏春秋書君氏卒，君氏乃惠公繼室聲子也」、

前十行「然聲子而書曰『君氏』是何義」，全集乃誤三「君」字爲「尹」字，其他訛奪殆不勝舉。雖是本亦間有舛誤，然其佳勝處，故非時本所可幾及者矣。　癸酉歲暮海鹽張元濟。

宋 趙希弁 郡齋讀書附志 語錄類

〈龜山先生語錄四卷。〉

右楊文靖公時字中立之語也。公閩人，與游定夫、謝顯道俱從游於明道先生之門。嘗以著庭兼邇英殿說書，遷祭酒，擢右諫議，除徽猷閣直學士、工部侍郎兼侍講，紹興五年卒。　初入見之際，首言自古聖賢之君，未有不以講學爲先務者，上深然之。

宋 陳振孫 直齋書錄解題卷九

〈龜山語錄五卷。〉

延平陳淵幾叟、羅從彥仲素、建安胡大原伯逢所錄楊時中立語，及其子迥稿錄共四卷，末卷爲附錄、墓誌、遺事、順昌廖德明子晦所集也。

宋 尤袤 遂初堂書目 儒家類

〈龜山語錄。〉

元 馬端臨 文獻通考卷二一〇

〈龜山語錄五卷。〉

陳氏曰延平陳淵幾叟、羅從彥仲素、建安胡大原伯逢所録楊時中立語，及其子迴稿録共四卷，末卷爲附録、墓誌、遺事，順昌廖德明子晦所集也。

明 楊士奇 文淵閣書目

《龜山語録》一部五册。

《龜山語録》一部二册。

《龜山語録》一部二册。

《龜山語録》一部二册。

《龜山語録》一部二册。

《龜山語録》。

《龜山先生語録》。

明 陳第 世善堂藏書目録

《龜山語録》五卷。

明 晁瑮 晁氏寶文堂書目　性理

明 焦竑 國史經籍志卷四

《龜山語録》六卷。

明 祁承爜 澹生堂藏書目

龜山語録四卷。

明 孫能傳 内閣藏書目録卷五

龜山語録二册全。楊時著。

又二册全。

又五册全。

明 高儒 百川書志卷三

龜山先生語録四卷。

宋楊文靖公時中立之語也。宋刊本。

明 朱睦㮮 萬卷堂書目卷三

龜山語録四卷。

清 瞿鏞 鐵琴銅劍樓藏書目録卷一三

龜山先生語録四卷並後録二卷。宋刊本。

此亦福建漕治刻本，與張子語録行款悉同，後題字亦同。書中「恒」、「桓」、「徵」、「慎」、「敦」減筆。卷末有「正統戊辰仲夏在金谿義塾」重裝一行。

清 陸心源 皕宋樓藏書志卷三九

龜山先生語録四卷後録二卷。元刊本。

延平陳淵幾叟、羅從彦仲素、建安胡大原伯逢所録楊時語也。

清 季振宜 季滄葦藏書目

龜山語録六卷二本。宋板。

清 錢謙益 絳雲樓書目卷二

龜山語録。

圖書在版編目（CIP）數據

龜山先生語録／（宋）楊時撰；宋月陽校點. —上海：上海古籍出版社，2022.11
（歷代筆記叢書）
ISBN 978-7-5732-0456-1

Ⅰ.①龜… Ⅱ.①楊… ②宋… Ⅲ.①楊時（1053-1135）-哲學思想-文集 Ⅳ.①B244.991-53

中國版本圖書館 CIP 數據核字（2022）第 179922 號

歷代筆記叢書
龜山先生語録
［宋］楊 時 撰

宋月陽 校點

上海古籍出版社出版發行
（上海市閔行區號景路 159 弄 1-5 號 A 座 5F 郵政編碼 201101）
（1）網址：www.guji.com.cn
（2）E-mail：guji1@guji.com.cn
（3）易文網網址：www.ewen.co
上海展強印刷有限公司印刷
開本 850×1168 1/32 印張 4.5 插頁 2 字數 102,000
2022 年 11 月第 1 版 2022 年 11 月第 1 次印刷
印數：1—1,500
ISBN 978-7-5732-0456-1
K·3269 定價：30.00 元
如有質量問題，請與承印公司聯繫
電話：021-66366565